なんでも聴くよ。

中元日芽香のお悩みカウンセリングルーム

中元日芽香

文藝春秋

はじめに

はじめまして。私、心理カウンセラーをしている中元日芽香といいます。広島県出身、東京都在住です。うわあ、こんなふうに改まって自己紹介する機会って最近本当になかったかも。15歳から21歳まで、乃木坂46の一期生としてアイドル活動をしていました。卒業して数年経った今でも、私のことを「昔の映像をYouTubeで観て知りました」と話す方はまだまだいらっしゃいます。

そんな私はセカンドキャリアとして、心理カウンセラーの道を選びました。オンラインでカウンセリングをすることが今のメインの仕事。ほかには、Podcastでお悩みを聞く番組（文化放送「中元日芽香の『な』」）を収録したり、雑誌やテレビに出てメンタルヘルスについて発信する仕事もしています。

お悩みに答える本は、これまで識者・著名人から膨大な数が出版されています。それぞれの本の魅力は、回答者の「らしさ」が表現されている点ですよね。だから私も、私らしい温度感で、私らしい言葉選びで、相談者さんの感情に応答できるような一冊を形に残せたらと筆を執りました。

前作『ありがとう、わたし　乃木坂46を卒業して、心理カウンセラーになるまで』（文藝春秋）は私自身の体験がメインでしたが、読者さんから「辛い時に読み返したら励まされる作品なので、しんどい時にお守りがわりになる」と言われたのもヒントになりました。カウンセリングを利用するほど深刻ではないと感じていたり、まだ言語化できていないモヤモヤがある方も、自分の本棚やタブレットに一か所、避難場所があると心が楽になるのかな～なんて。

それから、カウンセリングの現場で様々なお話を聞いていて、私個人の意見は相談者さんに直接言わないけれど、私はこう思うな、みたいな本音が増えてきました。たまにはサボったっていいんじゃないかとか。みんなにいい顔しなくたっていいんじゃないかとか。でも、相談者さんのお時間をいただいているカウンセリングの場で、私の意見をつらつら述べるのは違うって思っています。なんでも聴くよ～と言いつつ、私の方が皆さんに言葉を伝えたくなったのかもしれません。今作での私は聞き手でありながら、普段のカウンセリングの時よりだいぶお喋りしています。

今回どんな本にしようかなって考えていて、最初に浮かんだのがとある相談者さんとのやり取りです。数年前の対話なので細かい部分は曖昧になってしまっていますが。「自傷行為ってどうしてしちゃいけないんでしょうか」と聞かれたことがありました。その方の手段はリストカットでした。主治医の先生は、できればやめた方がいいと言います。親は、気づいているのかいないのかわからないけれど、何も言ってきません。傷を隠すようにして生活するのは窮屈です。でも自分にはやめられません。中元さん、どうしてリスカしちゃいけないんでしょう、と。

私は「そっか。やめられないんだね〜」と言える大人として近くに居てあげたいな、とその時思ったんです。もちろん、主治医の言葉は医者の立場として正解です。親御さんは一緒に住んでいるなら多分気づいているでしょう。心配の気持ちはご本人にだって伝わっています。リスカを推奨したいわけではありません。その上で。

ご本人だって、やらないで済むならやらないに越したことはないってきっと頭ではわかっている。でもやめられないんだ！っていう複雑な葛藤を、複雑なままに一旦受け止める第三者がいてもいいのかな、と感じたカウンセリングでした。

自傷行為だけではないですよね。ほかにも「これ他人に言っていいのかな」「誰かには話してみたいな、ひとりで抱えておくにはキツイな」といった、言葉にならない言葉ってありませんか。ＳＮＳが公共の場だとして、カウンセリングルームがプライベートな場だとしたら、書籍はその中間。ここだけの話をして、読んでくださっている方々の間で静かに共感し合うにはいい場所なのかなって。


書籍化して掲載する旨をご了承いただいた上で、「CREA WEB」にてお悩みを募集したところ、多くの方から投稿を寄せていただきました。投稿してくださった皆様、ありがとうございました。書籍にするために、どうしてもQを厳選せざるを得ませんでしたが、投稿していただいた文章すべてに目を通しました。

最初から順番に読んでもいいし、目次を見て気になるものから読んでもいいし。誰かの心の支えとなる一冊に仕上がっていたら嬉しいです。

目次

はじめに　1

第1章　自分を好きになれない人へ　13

自分で自分を認めてあげられるようになりたい　14
他者の評価にとらわれないためには　18
自分に自信を持つことができません　24
自分の意思決定に自信が持てません　28
朝、仕事を休む理由を考えてしまいます　32
職を失ってから、自分に全く自信が持てません　36
頑張ってこなかった自分が一人前に働けるのか　40
やる気が0%か100%になってしまいます　44
感情のコントロールがとても難しいです　50
「落ちこぼれ」の自分がとても嫌いです　54

Column①　心理カウンセラーという仕事について　59

第2章　未来が見えずに苦しむ人へ　67

アイドルという夢は諦めた方がいいでしょうか　68
芸能マネージャーになりたいけど親に言えません　72
このまま夢を追っていてもいいのでしょうか　76
今の会社で頑張るか、新しい道を模索するか　80
自分の「好き」を見つけ、声に出して言いたい　86
引きずっている夢から心を切り替えるには　92
「このままでいいのか」と考えてしまいます　96
持病が原因でバイトの面接に合格できません　100
うつと付き合いながらどうやって生きていくか　104
Column②　カウンセラーだって悩むんだから大丈夫です　107

第3章　心が不安でいっぱいの人へ　113

大人になるのが怖いです　114
心の中に留めておくと良い考えとリラックス方法　120
出社する前の夜、謎の不安に駆られます　124
冬が憂鬱で、何をしても楽しくないです　128
病気と向き合い、克服していくべきでしょうか　132
カッとしやすい先輩に恐怖心を抱かず働くには　136
トラウマを抱えながら生活に向き合う方法　140
死への恐怖が大きくなってきて苦しい　144
何のために生きているのかわかりません　148
Column③　人間は完璧ではない――私が経験した適応障害　153

第4章　誰かと生きていきたい人へ　159

友人にそれほど必要とされていない気がします　160
初対面の人と笑顔で話せません　164
気を遣いすぎて自分の意見が言えません　166
悩んでいても誰にも相談できません　170
自分の意見を伝えやすくする方法は　174
自分に嘘をつかず、素直に人と接したい　178
同性の恋人と結婚できない現実が悲しく辛いです　182
マイノリティの仲間を見つけたい　186
性同一性障害をカミングアウトするべきでしょうか　192
家族との関係を修復したいです　196

おわりに　200

なんでも聴くよ。

中元日芽香のお悩みカウンセリングルーム

第1章　自分を好きになれない人へ

Q 自分で自分を認めてあげられるようになりたい

私は人が大好きです。仲の良い友達といるのはもちろん大好きだし、はじめて会う人と話すのも、新しい考え方を得られたり、知らなかったことを知ることができたりするのですごく好きです。

でも、その分自分から人が離れていくことや、人に選んでもらえないことが辛いという感情が誰よりも強いと感じます。この歳になると、今までとはガラッと環境が変わって、周りの友達が結婚したり、彼氏がいたりすることが当たり前です。もちろん、これは自然なことですし、いつまでも友達の一番ではいられないことは重々わかっています。でも、自分から人が離れていってしまう感じがして、悲しくなります。喜ばしいことなのに、これからどんどん喜べなくなってしまうんじゃないかと思うと本当に自分が嫌です。

じゃあ私も同じ立場になればいいのですが、そんなにうまくもいかないのです。誰かとうまくいっても、「私から離れてしまうことが怖い」という考えが相手に伝わって、見切りをつけられてしまいます。もっと自信をつけなければと思うのですが、私は人からの評価でしか自分を見出せなくて、自分で自分を認めてあげることができません。これから先ずっとこの調子なのかなと思うとしんどいです。

自分で自分を認めて、ポジティブに考えるにはどうしたらいいのでしょうか。

（てぃーぬ・24歳・女性）

A

私も人が好きです！　どうしてもひとりでは得られない感情ってありますよね。周囲の人が幸せになることは喜ばしいはずなのに喜べず、ご自身で割り切り方を考えて実践もしてみたけれど、解決しなかったのですね。てぃーぬさんの「寂しい」という率直な気持ちが伝わってきました。人から評価されたい・人に必要とされたいという気持ちが強いため、人に褒められた時は満たされた気持ちになりそうですし、他者からの評価に良くも悪くも敏感になってしまっている感じがします。

身近な人たちが結婚やお付き合いによって離れていくのは、てぃーぬさんと距離を置きたいのではなく自然な流れであると、理解されているのですよね。頭ではわかっているけれど感情的なところでどうしても受け入れられず、距離ができることの苦痛が耐え難いのでしょうか。

今のてぃーぬさんの心の中は、親しい人もはじめて会う人もまとめて「他者」が占める面積が大きい印象を受けます。相対的に「自分」の占める面積が小さくなっていますよね。他者と自分の境界線を意識するといいのかな、と思いました。

他者と自分の境界線が曖昧になってしまうと、人が離れていく時にまるで自分の身が裂かれるような辛さを感じてしまいます。他者の結婚や転勤などのライフイベントは、自分が関与できない範囲にある出来事です。他者の人生によって自分の心が乱されてしまうのでは、心がいくつあっても足りません。

人の嬉しかったことが自分のことのように嬉しい。同じように人の悲しかったことがまるで自分のことのように悲しいのも、他者と自分の境界線がハッキリしていない人に起こります。共感力が高い、とも言い換えられます。

心理カウンセラーは相談者さんの「辛さ・悩み・悲しみ」を受け止めすぎてしまわないよう、この境界線はめちゃくちゃ意識します。どうやら他者と自分の境界線は意識次第でコントロールできるようです。考え方としては、「人は人、自分は自分」というのを強く意識するのが良いと思います。

自分を承認してくれる存在が常に隣にいてくれたら良いのですが、現実的ではないですよね。他者の人生をコントロールするのは不可能です。これは私の考えですが、自分を大切にしてあげている人って、他者から見ても魅力的です。自分をしっかり持っていて、自分最優先で、どっしりと構えている。そんな人たちを私は尊敬しているし、興味を抱くし、もっと話を聞きたいと感じる。会っている時間はワクワクしちゃう。てぃーぬさんも、自分最優先で、自分を大切にしてあげることから始めてみませんか？

休みたいよ～とか、アイス食べたいよ～、みたいに、自力で叶えてあげられる範囲の自分のわがままを聞いてあげてください。仕事では、結果よりも過程に注目して、自分の努力を認めてあげましょう。自分に余裕が出てくると、友人の結婚報告も「寂しい」より「おめでとう」と思える割合が高くなってくると思います。

Q

他者の評価にとらわれないためには

誰かが褒められていると、自分には何も言及されていないのに、比べられて劣っていると言われたような気持ちになってしまいます。例えば、研究室の同期や部活の友達などが先生や先輩から褒められているとそう感じてしまいます。

相手がそんな意図で言っているわけではないとわかっていますし、自分の考えが卑屈だとも思います。しかし、褒められている人のことを嫌いになったりして、そんな自分が嫌になってしまいます。

他者の評価にとらわれないためにはどうしたら良いでしょうか。

（うなぎ・22歳・女性）

A

他者の評価にとらわれないようにするためには、自分の軸を持つこと。自分に自信を持つこと。他人と比べないようにすること。などと言われたりしますが、それができたら悩んでないですよね。程度の差はあれ、他者の評価が全く気にならないなんて人の方が珍しいくらいです。

まず、うなぎさんはうなぎさんであって、他人は他人です。この線引きはめちゃくちゃ大事です。うなぎさんは、他人にあって自分にないものを見つけるのがお上手なのだと思います。そして羨《うらや》んでしまう。ここまで、うなぎさんは何も悪くないです。研究や部活に一生懸命だからこそ評価されたいし、あの人は褒められていいなって思ってしまうのですよね。

私は高校生の時、全然勉強に力を入れていませんでした。だから成績が振るわないのは当然だし、周りの同級生を妬む気持ちも生まれませんでした。うなぎさんの今のモヤモヤは、一つ一つに真剣に向き合い頑張っているからこその感情です。それだけ真剣に頑張れていること自体が素晴らしいです。

次に、褒められた人を嫌いになってしまう、そんな自分が嫌になると。人って実にいろんな感情を持っています。妬み、恨み、執着、打算、歪《いびつ》な愛情……。相手のそういった感情に触れるたびに私は、「人間らしいな」って安心します。自分の中から自然に湧いてくる感情が「正直あの人嫌い」なら、それをそのまま受容してあげてほしいし、そんなことを思う自分を否定する必要はないのです。

研究室の同期も、部活の仲間も、うなぎさんとは元々持っている才能も目指す先も違います。その分野で優秀な人と一緒に取り組むと、優秀な人は一歩先を走っているようで、自分の取り組みに自信がなくなります。それでも、他者の評価にとらわれないようにするために「期限の中でどれだけ自分が頑張れたか」に注目してみてはどうでしょうか。周りが褒められていたって自分には関係ないし、自分が劣っていると解釈する必要もないのです。

そうだ。こんな時、心理カウンセラーの心がけが役に立つかもしれないので共有します。心理カウンセラーは話を聞く時、事実と主観（相談者さんの思い込み）を分けて、「事実だけを見極める」よう意識します。

例えば、「上司から私だけよく怒られるから、上司は私のことを嫌いに違いない。実際仕事はできていない。最近は職場に行くことを考えると不安で夜に眠れなくなる」と相談者Aさんが言ったとします。

この時、客観的事実は「Aさんは不眠症状を訴えている」です。それ以外はもう少し質問をして、事実を確認する必要があります。

上司は本当にAさんだけを集中攻撃しているのか？　上司の個人的な感情で怒っているのか、それとも指導のために怒っているのか？　怒っているとは具体的にどのような様子なのか？　仕事ができていないというが、会社にとって大きな損失を出したということなのか？　職場の人間関係が不安なのか、それとも業務内容が自分にとって苦痛なのか？　不眠につながるストレス因でほかに思い当たることはないか？

これらを矢継ぎ早に質問するわけではありませんが、心理カウンセラーの頭の中はこんな感じ。事実と主観を分けて考えるようにします。

うなぎさんが他者の評価にとらわれないようにするための方法を、上記の考え方を用いて2つ提案させてください。

1つ目。自分と他人は別人格。比べる必要はないと割り切る。自分自身がレベルアップすることに集中する。

2つ目。事実に目を向ける。自分に自信がなくなってくる思い込みは手放してみる。

私は、うなぎさんがそんなにも自分を劣っていると感じてしまう背景に何があるのかが少し気になりました。褒められることへの飢えがほかの人より強いのかな。負けず嫌いさんなのかな。

Q 自分に自信を持つことができません

自分自身に対して自信を持つことができません。特に人間関係において、誰かと接する時や、好きな相手ができた時などに「自分なんて……」と自分のネガティブな部分ばかり思いついてしまい、うまく仲良くなれません。好きな相手に対しては「2番目、3番目でもいい」なんて考えてしまいます。

その反動かはわかりませんが、仕事では変に「自分はできる!」とプライドが高くなってしまい、この自分の中の二面性に落ち着かなくなってしまいます。

ほかの人に対してポジティブに接することができるよう、何か心がけたら良いことがあったらアドバイスをいただきたいです。

（べーちゃ・27歳・男性）

「自分で自分の価値を下げてはダメだよ」と、ハタチくらいの頃に言われたことがありました。その時の私には響かなかった言葉で、そんなふうに堂々と言えるなんて羨ましいな、程度のものでした。時間が経った今、当時よりは言葉の意味がいくらか理解できます。「自分なんて……」という思いが強すぎると、自分を大事にできないのですよね。そして相手からも大事にされない。さらに自分を卑下してしまう。この悪循環を止めるスタートは、正当な自己評価をすることです。

べーちゃさんの自信のなさが相手に伝わっているかどうかはわかりませんが、対等な関係を築こうとしている相手に自ら下手に出てしまうと、相手からも対等に扱われなくなってしまいます。友人でも恋愛でも、お互いにリスペクトがあって対等な関係が継続されるのだと思います。べーちゃさんは本当は、相手にとって〝都合の良い関係〟になることは望んでいないですよね。いつか自分を大切にしてくれる人と出会う

A

ために、まずは自分で自分を大切にしてあげましょう。

高校生からハタチくらいの頃の私の話を、少ししてもよろしいでしょうか。自分に自信が持てない人間で、自虐的な発言をよくしてコミュニケーションをしていた時期がありました。そんなに卑下しなくてもって相手が聞いていて悲しくなるくらいに自分サゲをして。今思うと相手に気を遣わせてしまったなと反省しています。

さらに言うと、周囲に求められていない時でも勝手に道化《どうけ》る癖もあり、情けない部分とか不出来な部分を見せることで、相手に心を開いてもらって親密度を上げようとしていました。けれど、相手も自分も気持ちが良いかと言われると、そうではないんですよね。相手からしたら「あの子と話していると暗い気分になる」し、私自身も「自分で言ってて惨めな気持ちになる」。しかも、「謙遜で言ってた言葉がまるで事実かのように錯覚していく、それが自分の一部になる」。

なので、受け売りの言葉ですが言わせてください。自分の価値を自分で下げないようにしてくださいね。

ほかの人に対してポジティブに接することができるよう心がけたら良いことですか。心理カウンセラーなりのアドバイスというか、提案をしてみようかな。人に褒められた時、「いやいや〜」「そんなことないです」と言うのをやめて「ありがとうございます」と言うようにしてみるのはどうでしょう。

自分に自信のない人は、人に褒められた時に「これくらい大したことない」と思って相手の言葉をブロックしてしまうことがあります。それも謙虚な人と映りますが、もっと双方ポジティブなやり取りにしたいなら、謙遜ではなく感謝の返事をしてみると、相手が抱く印象が変わるかもしれません。

べーちゃさんは仕事に関してプライドが高くなっているとおっしゃっていましたね。それはご自身が努力して築いた実績です。仕事の場面で「自分はできる！」って言えるべーちゃさん、いいと思います。対人場面でも堂々と振る舞えたら、関係構築が変化しそうな気がします。

Q

自分の意思決定に自信が持てません

上京し、新社会人として過ごしているのですが、未だにこの進路選択で合っているのか、自分の決定に自信を持つことができません。

進路以外でも、日常的に選ばなかった選択肢に進んだ自分を想像して葛藤してしまいます。

現実世界の自分に大きな影響が出る前に、自分の意思決定を信じてあげられる人になりたいです。

（ラーメンマン・22歳・男性）

A

道は一つしか選べないですもんね。「数多くの選択の結果が今の自分」という言葉を聞きますが、一つ選択が変わっていたら今の自分はここにいないのかと想像するとゾッとします。

日常的に選ばなかった選択肢。お断りした友人の誘いとか、迷ったのちに買わなかった服とか、引っ越し先の候補で最終的に住まなかった部屋とかでしょうか。自分が選んだ道でうまくいっていない時、「もう片方の道に進んでいたらこうはなっていなかったのかな」と考えたくもなります。

進路選択の結果が実感できるには、数年単位で時間が必要かもしれません。これから先も大小様々な選択をして生きていきますが、自分の選択を信じてあげられるようになりたい、とお考えなのですね。自分に対して「信じてあげられる人に」という言い回しが素敵だと思いました。

ラーメンマンさんは、慎重さを持っていて、反省がきちんとできる人なのかな、という印象を受けました。想像力があって、選ばなかった方の道ではどうなっていたか、なんとなくわかってしまうのかな。おそらく進路選択の際にも慎重に比較検討されたのでしょうし、私はどちらかというと無鉄砲なタイプなので、慎重さを持つ人ならしない失敗をして生きているかもしれません。そう考えると、ラーメンマンさんの慎重さからくるリスク回避能力は武器ですよ。
その上で、自分の意思決定を信じてあげるための第一歩として、「選択しなかった方の道について、必要以上に考えない」のはどうでしょうか。特に、覆《くつがえ》せない選択に関しては、過ぎ去った過去の出来事です。そちらに進んだメリットを考えたところで引き返せないなら、あえて「前しか見ない、今の選択で成功することだけを信じる」姿勢で挑んでみる。大丈夫。選択を繰り返すうちに、自分が物事を決める時に大事にしている基準が明確になってきて、やがて選択に迷いがなくなってきて、自信が持てるようになるはずです。

10代から20代にかけての「最初の選択」は、自己理解を深めている最中の選択だったでしょうから難しかったはずです。これからは過去の経験をもとに選択できる場面が増えて、どんどん決断に迷いがなくなってきます。それに、日常的な選択はあとから取り返せるものもたくさんあります。

Q 朝、仕事を休む理由を考えてしまいます

美容師をしています。前日までは仕事へ行く気持ちなのですが、体調が悪いのか、心が弱っているのか、朝起きたらその瞬間に休む理由を考えてしまいます。そして自分にも言い訳をしてしまい仕事に行けなくなります。職場の手前で帰ってしまうこともあり、そんな自分も嫌です。いい歳して何してるのか?と自暴自棄になり、ずっとベッドから出ないこともあります。

仕事を始めると、普通に接客できます。帰りの電車でも「明日も頑張ろう」と思います。が、休み明けは行かない理由を考えて休んでしまいます。こんな自分が嫌いです。どうしたら心の整理ができるのかわかりません。

（show・57歳・男性）

職場の手前で帰ってしまうこともあるというのが心配になりました。仕事に行こうとして急に足がすくんで家を出られなくなる感覚は私も経験したことがあります。まるで自分の身体ではないみたいに、自分の意思でコントロールできなくなるのを非常にもどかしく思った記憶があります。

今のshowさんには、通常の「仕事めんどくさいから行きたくない」の度合いを超えて、お疲れやストレスのサインが表れているように思います。ご自身を責める言葉が辛いですね。仕事ができた日は少し、自分のことを好きになれていますか。それとも仕事をするのは当たり前で、できなかった日の自分が情けないでしょうか。

足がすくんでしまうとか、職場まで着いても中に入れずUターンしてしまうなど、自分の意思に反して身体が勝手に動くことってあります。そういった動きは、疲れがピークに達していることを身体が訴えているのではないでしょうか。

A

私の知人は、就職して数年が経過したタイミングで、不意に涙が出るようになったり寝られなくなった時期があったと話していました。自己分析した結果、「多忙とまだ慣れていない職場環境で、プレッシャーを感じていた」のが原因だと気づいたそうです。残業調整をして定時に帰るようにし、睡眠薬の力を借りて身体を休ませるよう努めたら調子が戻ったと聞き、一安心しました。

心の整理をひとりでするのって簡単ではないですよね。客観的に自分を捉えるのは難しくて、どうしても自分の中の基準で「言い訳をしてしまうなんて」とか「いい歳して」など厳しく判断してしまいそうです。心の整理、ご一緒します。

showさんの年齢から想像すると、今の職業に就いて長く勤めていらっしゃるのでしょうか。心の疲れって、身体の疲れに比べて捉えづらいですよね。物理的な痛みが発生していると迷わず痛み止めが飲めるんだけどな。

美容師さんは定年退職という仕事ではないイメージです。まだまだshowさんのキャリアは続いていくでしょうから、今の仕事をし続けるにしても、職場に行きたくなくなる原因は何なのかを考えてみるのは必要だと思います。お客さんやほかの従業員さんが原因なら、職場を変えると改善されるかなとか。働く日数を少し減らして休日を増やそうかなとか（でも休み明けがしんどいんでしたね、これは悪手かな）。あるいは一か月とか二か月とかまとまった休みをとって、数年の疲れを一気に癒そうかなとかなど。生活に関わってくるので、簡単に休もう！とは言えませんが、「なんでもわがまま言っていいなら、自分はどうしたいのだろう」と問いかけてみると本音に近づけるかもしれません。

Q 職を失ってから、自分に全く自信が持てません

新卒で就職した企業に勤めて4年目の春、転勤を命じられました。その年、入籍と結婚式を控えていたため、会社に掛け合いましたが、「退職」「転勤」「雇用形態の変更」の選択肢しか与えられず、泣く泣く退職を選択しました。

退職から1年後に、結婚を機に住み始めた地でパート勤務を始めるも、出産を機に退職しました。それから早5年。在宅でできる仕事を細々と続けております。

職を失って以降、自分に全く自信が持てません。また、もともと人付き合いが苦手だったこともあり、家族以外の人間関係を築くことが全くできません。自信のなさ、交友関係の狭さ、ネガティブで凝り固まった思考など、自分の中でモヤモヤが溜まっていっています。何から手を付け、どのように解決してゆけば良いのか、全くわかりません。家族とも衝突の多い日々です。

こういった内容もカウンセリングで対応いただけるのでしょうか。

（DAISY・32歳・女性）

A

はい、カウンセリングでお話ししていただける内容です。むしろ、日常生活で接する人数が限られている人こそ、心理カウンセラーや支援団体に頼っていただきたいです。ご家族と衝突することは望んでいないでしょうし、誰が悪いわけでもないけれど、誰かに話していないとDAISYさんが全部抱え込んで疲れてしまいます。

専業主婦（夫）さんは社会からの孤立を感じやすいと言われています。お金を稼ぐことで自己効力感が得られるのだとしたら、その機会も家事育児に専念している立場では難しい。ちなみにこの場面での「自己効力感」とは、「自分は家庭を維持するために必要な存在なんだぞ！」と自分に自信を持って言えるかどうか、といった意味です。本来なら、家庭を維持していくためには仕事をしてお金を稼ぐ力と、家事をして家を守る力の両方が必要です。しかし、家事の貢献度は数値化するのが難しいため、専業主婦（夫）さんは「自分はお金を稼いでいない立場だから、パートナーがいないと生活できない」と引け目を感じ、自信を持てなくなる人もいるのだとか。DAISYさんは在宅でできる仕事をしていらっしゃるのですね。

前の職場を辞めた理由は納得できるものでなかったのですね。今の在宅の仕事は、以前のようにバリバリ働いている実感をしづらい状況でしょうか。

今の状態は、時間をかけてでき上がった複数のモヤモヤが絡み合っている状態に見えます。

今の在宅の仕事は、家事育児と両立するための選択だったかと思います。「職を失って以降、自分に全く自信が持てません」とのことでした。DAISYさんは本来、オフィスに出勤して、責任ある仕事を任されて適切なプレッシャーや緊張感が伴う仕事をするのが合っているのかもしれませんね。前のようにバリバリ働くことで自信が取り戻せそうなら、お子さんの年齢が大きくなってきたら、正社員として働く道を模索する選択もあります。新卒の頃と全く同じ雇用条件や業務内容とはいかないかもしれません。それでも、この数年で経験したパート勤務や在宅勤務と比較して、どの働き方なら自信を取り戻せそうか、自分らしく働けるかを検討してみるのは良いかも。

自信は仕事以外で見出すこともできます。家事育児で見出せたら良いのですが、家庭内のことは褒められる機会が少なくて、つい「当たり前のこと」と自分もほかの家族も認識してしまうかもしれません（そんなことないんだぞ！　もっとお母さんに感謝しなきゃだめだぞ！）。それなら、地域のボランティアに参加してみるとか、学生時代取り組んでいたスポーツを再開してみるとか。外に関わりを求めると、息抜きにもなって、自己効力感の回復も期待できます。DAISYさんの日常生活に支障がない場所で、思いっきり弱音や愚痴を吐き出すことが大切だと思います。

Q 頑張ってこなかった自分が一人前に働けるのか

これまでの人生で、胸を張って頑張ったと言えることが一つもありません。中学時代からテスト勉強はほとんどしませんでした。高校は大学受験に力を入れる学校だったので、毎日学校に残って勉強しましたが、家ではあまりしていませんでした。その上、行動力もなく、人見知りでコミュニケーション能力も低いです。

今大学3年生で、もうすぐ就活が始まりますが、こんな自分がちゃんとした仕事に就いて一人前に働けるのか、とても不安です。

（20歳・モモ・女性）

A

私はモモさんの言葉から、器用な人物像を思い描いています。勉強や部活動・習い事など、みんなが努力してやっとクリアできる高い壁を、みんなほど力まずに乗り越えてここまで生きてきたのかな、と。モモさんは教育課程では特につまずかなかったために、今の自分のままで大丈夫だろうかと不安を感じていらっしゃるのでしょうか。

ちゃんとした仕事に就いて、一人前に働けるかどうか不安とおっしゃっていますが、モモさんが思うほど社会人は完璧な存在ではないです。社会人で一人前……な人はもちろんいますが、そんな人ばかりでもないですよ。いや、それが悪いって意味じゃないです。社会人には、絶対にこの書類は何が何でも期限内に提出しなきゃいけない、みたいな瞬間はあります。しかし、帳尻さえ合えば、やり方は任されている場合が多いのではないかな。私含め。

コミュニケーション能力が高いと聞くと、話が面白いとか、社交性が高い人をイメージする場合が多いです。でも、コミュニケーションってそれだけではありません。相手の話を聞き、共感する能力もコミュニケーション。空気を読んで、相手の気持ちを推し量って行動するのもコミュニケーション。モモさんがご自身を「行動力もなく、人見知りでコミュニケーション能力も低い」と評価されているのを読んで、自分から話しかけにいくのが苦手なタイプなのかな、と思いました。それなら交流の輪を広げようとせず、今、目の前にいる人たちの話をゆっくり最後まで聞くようにしてみるのはいかがでしょうか。

就活に有利なのは、コミュニケーション能力というよりアピール力なのでしょうね。はじめて会う面接官はモモさんの情報を、手元にあるエントリーシートと、面接での言動でなんとか評価しようとします。聞く能力が高い人にとっては苦手なシチュエーションですね。でも、グイグイアピールしてくる就活生もわかりやすくていいけれど、事前に準備や企業調査をしっかりしてきていて、質問にきちんと答えてくれる就活生もまた印象が良いのではないかな。

自分の得意・苦手を分析して、自分に合った戦法で戦い抜くと、就職後も自分らしく働けると思います。応援しています。

Q

やる気が0%か100%になってしまいます

何をする時でもやる気が0%か100%になってしまいます。100%の時は周りが見えなくなるくらい頑張れるのですが、それも長くは続かず、体の限界がきて100%で頑張れない自分に対して否定的になってしまいます。

逆に0%の時は、なかなか作業が進まずノルマを達成できなかったり、寝落ちや寝坊、整理整頓ができずだらしない生活になり堕落してしまいます。いい塩梅で常に50%で取り組みたいのに、なかなか自分でコントロールできません。

常にやる気を50%に保てるようにするにはどうしたら良いでしょうか。

（るなたん・24歳・女性）

やる気が0%か100%かのタイプのるなたんさんの気持ち、私も同じタイプなので共感してしまいます。100%の時の自分を知っているからこそ、0%の動けない時の自分を責めてしまうんですよね。あの風を切って走っていた私はどこへ消えた？って。

0%になる時間と100%になる時間の割合が1：1ならまだわかるんです。そうじゃないんですよね。多分3：1とかじゃないかな。とにかく0%の時間の方が長い気がします。

0%の時は逆立ちしてもやる気が湧いてくる気配がないので、明日の自分に任せた！と開き直って寝ることはあります。今日はやらないと決めたらもう全力で休む。0%の時って頭が働かないし、集中力も続かないんですもん。

A

気分次第でやる気がみなぎってきたり全く湧かなかったりする人は、そんな自分も許しながらうまく付き合っていけるスタンスをとれるのなら良いと個人的には思っています。そういう人が１００％で爆発した時は、常人には出せないキラキラ感を放ちながら作業をするんですよね。職業によっては、０％の無気力状態の時に浮かんだ発想が世間のニーズとなって、商品なりサービスなりにつながっていきます。そういうビジネスパーソンやクリエイターが私の周囲には何人もいます。安定性には少々欠けるかもしれませんが、生き方自体は個性的でむしろ魅力だと思います。

比較すると、50％をコツコツ続けられる人は成果も精神も安定感があります。私は気分次第で作業が捗《はかど》ったり捗らなかったりして、今はもう受け入れて生きることにしましたが、ブレの少ない人を羨ましく思う時もあります。スケジュールが立てやすそうな点と、情緒の面で落ち着いているように見える点が羨ましくなるかな。

０％か１００％かのタイプの人で、自分に厳しい頑張り屋さんの場合、０％の全く何もできない時の精神面が心配です。感情の波にうまく乗る取り組みについてお話ししてみますね。

0%か100%かで生きている人は、感情の波が激しい人が多いです。意識していただきたいのは0%の時の過ごし方です。どんな時でも自分を責めない。自分を責めたところで、あのチート級のやる気がみなぎってくるわけではないからです。

100%とか、80%以上での取り組みが数日続いたことで燃料が残り少なくなって、エネルギーをチャージしないと動けないっていう状態なんだと思います。そんな数日間頑張ってくれた自分をねぎらってあげられたらいいですね。期限厳守の仕事以外だったら、極力自分のわがままを優先してあげましょう。休日の誘いは断ったっていいんです。自分の中で定めている「〇〇しなきゃいけない」というルールを今一度見直してみませんか。

あれ、るなたんさんのお悩みである「常に50%を保てるようにするにはどうしたら良いでしょうか」に回答していませんでした。提案としては、まずは20~80%の範囲を目指すところから始めてみること。ポイントはズバリ「100%の時に飛ばし過ぎない」だと思います。100%の自分が一定時間続いたら、次は0%の自分と交代することが経験則でわかっています。その時に全く動けなくなるのを防ぐため、100%の自分にすべての力を出し過ぎないよう言い聞かせてみましょう。自分を少しずつコントロールできるようになってくると思います。

たまにはダラダラ
する日があっても
いい。

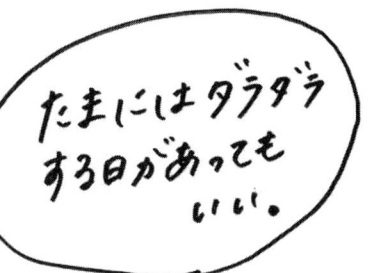

Q

感情のコントロールがとても難しいです

私は中学生の時からストレスに弱く、なんでも自分を責める癖があります。そのため大学では心理学を学ぶことのできる学部に入り、今年度卒業することも確定しました。しかし、相変わらず自身の感情をコントロールすることができず、むしろ学ぶ前の方がマシだったのではないかというレベルです。

以前は感情をコントロールできず、キレやすい性格でしたが、現在はキレやすいという部分は改善されたものの酷いぐらいのネガティブ思考になり、感情のコントロールがとても難しいです。誰かに褒められても裏があるのではないかと考えてしまったり、無駄に人目が気になって自分の好きなように過ごせません。春から新社会人になるので、不安でいっぱいです。中学生の頃にストレス性のめまいの病気に苦しめられたので、再発するのではないかという怖さもあります。

心理学を学んだことで、人に優しくなれるようになりましたが、自分のことに関してはこのように何も改善できず悩んでいます。中元さんの意見をお伺いしたいです。

（やかん・22歳・女性）

キレやすかった性格は改善されて、酷いくらいのネガティブに変わったとおっしゃっていますが、それはつまり心理学を学んだことで「感情を抑えられずに外に出していたのが抑えられるようになった」のでしょうか。もしそうなのだとしたら、心理学を学んだのに自分のことは改善できていないのではなく、心理学を学んだことで今のやかんさんの考え方が育まれたのかもしれません。

キレる（怒る）のも一つの感情表現だと思います。それがなくなったということは、感情が外に表出されにくくなってストレス状態に気づくのが難しい状態です。他者からは捉えづらいので、抑えた感情に自分で気づいてどうにか対処してあげたいですね。

感情のコントロールかあ。同業者さんや近い職種の人とお話をさせていただく機会が時々ありますが、自分の感情のコントロールはプロでも難しそうですよ。カウンセリング中は仕事モードでお話を聞くので心がざわつくことはほとんどありませんが、

A

自分のことになると、元々の性格やプライベートな考え方が現れます。同業者だからこそ、カウンセリングを利用することもあります。自分の感情のコントロールはいつかマスターできたらきっと生きやすくなるけれど、難しいものだと開き直って肩の力を抜いてみてくださいね。

相談内容を読んでいて、やかんさんの「キレやすさ」も「ネガティブ思考」も、どちらも対人場面で発生しているように思いました。自分の感情をコントロールするためには、自分がどのような対人場面でストレスを感じるかを分析してみるのはいかがでしょうか。人が多くてにぎやかな場面、目上の立場の人がいて気をつかう場面、注目されている場面、など。春から社会人ということで、どうしても避けられない場面も出てくるでしょう。それでも、苦手な場面がわかると前もって心の準備ができますし、ストレスを感じるイベントがある週の休日はいつも以上に静かに過ごす時間を確保しておくこともできます。

ストレス耐性は人によって違います。ストレスが限界を超えた時のサインの出方も人それぞれ。中学生の頃、めまいとして現れた時期があるのですね。やかんさんはストレスに弱いのではないかと書かれているので、自分をストレスから逃避させてあげる手段をいくつか持っておくと安心です。そのうちの一つとして「苦手な場面を把握し、できれば避ける。避けられないならその前後でしっかり休息をとる」というのも頭に入れておいてくださいね。

Q

「落ちこぼれ」の自分がとても嫌いです

進学校でいわゆる「落ちこぼれ」になっています。周りはとても賢く、自分は下に見られていると勝手に感じ、毎日劣等感に押しつぶされそうになります。

中学では優秀な方だったのでプライドだけが高く、人を妬む醜い人間になっている気がして嫌になります。自分がとても嫌いです。

すべてを終わりにしたくなる時さえあります。前を向く方法を教えてほしいです。

（OZO・17歳・男性）

A

中学生の頃まで良い成績で賢いポジションだったのに、高校では勉強も難しくなり周りも賢い人に囲まれてしまったら、どんどん自信がなくなりますよね。勉強のやる気もなくなっていくし。なんだか私の高校生の頃を思い出します。早く高校を卒業したくて仕方がなかった。自分に足りないものを自覚しているから、それを持っている人が羨ましいし眩しいし。

OZOさんは今、自分に対する否定が大きくなり過ぎて、ご自身の性格や考え方まで否定してしまっています。劣等感を毎日感じていて辛い気持ちに耐えられない現状では、弱音を吐いていないとやっていられませんよね。

ご自身を「プライドが高い」と評価されていますが、その性格はOZOさんに頑張るきっかけを与えてくれたのではないですか。中学では優秀な成績を修め、進学校へ入学し、書かれてはいませんが、部活動や習い事などに取り組む際も「プライドの高さ」が原動力になったと思います。それはOZOさんの強みとして大切にしてくださいね。ご自身を苦しめない方向でうまく劣等感と折り合いがつくと、自然と前を向けるでしょうか。

OZOさんの場合、勉強をすることで精神面が楽になるのかも、と思いました。中学生の頃より勉強についていくのが難しくなって、勉強自体にも拒否反応が出てしまっているかもしれません。なので、いきなり1日何十時間も勉強しよう!とは言いません。ただ、行動をして少しでも状況を動かしていくことが心の健康につながる場合もあります。

私は頭の中だけせっかちで、時々考え事のスピードに身体がついてこないことがあります。「論文書かなきゃ」「ラジオ番組の準備もしなきゃ」「先々の準備も……」と次から次へとやるべきことが浮かぶのに、どれもハードルが高いので手をつける気にならない。結果何もしないで一日が終わることがあります。

1年半ほど前、その気持ちがひどすぎて情緒が不安定になり、いつも責め立てられているようなせかせかした状態になって、カウンセリングを受けました。そこで病院の心理カウンセラーさんから「行動活性化」について教えていただきました。

行動活性化とは、相談者さんにとって「(その活動が)できたら気持ちが生き生きするかもしれない」と期待される活動を、生活の中に無理なく、段階的に増やしていく方法のことです。悩んでいる相談者さんが行動することで、環境が変わり、停滞している状況を打破することが期待されます。

上に書いた私自身のモヤモヤに対する解決策は「やるべきことを一つずつ片づけていく」です。だから行動へのハードルを下げて、優先順位をつけて少しずつでもやるべきことに取り組んでみたら今の憂鬱さが解消されるかもしれない、というお話でした。正式には認知行動療法というカウンセリング技法を扱う現場で用いられる考え方なのですが、自分の日常生活にも取り入れられます。

カウンセリングを受けたあとの私は、作業ごとの期限を紙に書き出して、期限の近いものから取り組んでいきました。タスクを書き出すことで、無限にあるように感じられたやるべきことが無限ではないと確認できます。そして終わったら取り消し線で消す。1週間に1回更新して、リストを確認していました。PowerPointのように図式やスライドで整理したい派もいると思うので、自分に合った方法でやってみてください。

そうは言っても、勉強嫌だなってなると思うので、日頃机に向かって勉強した自分にはたくさんグッジョブって言ってあげてください。結果（成績）も大事ですが、努力した過程を評価してあげられるといいですね。

心理カウンセラーという仕事について

心理カウンセラーってどんな職業か、皆さんパッとイメージが湧くでしょうか。「心理カウンセラーです」というと、「はじめて会った」「珍しい」といった反応が返ってきます。心理カウンセラーは相談者さんにどのような応答をするのか。本書のお悩み相談を通して、カウンセラーのカウンセリングルームの雰囲気が伝われば と思っています。本文の中で触れることができなかった要素を追記しながら、改めて心理カウンセラーという職業を解説させてください。

心理カウンセラーとは、悩みを持った人の話を聞き、相談者さん自身の力で解決できるよう支援する職業です。アドバイザーやコーチとの違いは、最初から提案をしないこと。それは間違っているよ、などの否定も極力しません。

長い人生の中で、悩む時期が誰にでもあります。人生における悩む時期・辛い時期に、相談者さんが自分の力で立ち直り、また日常に戻っていけるよう、一息つける場所を提供するのが心理カウンセラーの役割だと私は認識していま
す。

心理カウンセラーになるにはどうしたら良いですか？と質問されることがあります。心理カウンセラーになるルートはいくつかあります。「誰の力になりたいのか、どのような働き方をしたいのか」を軸に検討するのが良いのではないかと、私は答えるようにしています。

まず、心理学系の学部や研究科のある大学・大学院で6年間勉強をし、臨床心理士や公認心理師の資格を取得して、病院や学校で働く。臨床心理士・公認心理師とは資格の名前です。これらの資格を持っている人しか勤務できない場所があり、心理カウンセラーの中でも権威ある資格です。スクールカウンセラーとして働きたい人は、臨床心理士などの資格が必須な学校が多いです。

次に、心理カウンセラー養成スクールや通信講座で勉強をして、カリキュラムが修了したら開業する。私はこのルートで仕事を始めました。自分でカウン

セリンググルームを設ける人や、メール・電話・チャットなどを使ったオンラインでのカウンセリングをする人など、仕事の進め方は様々です。私は心理学が学べる大学に在籍していましたが、仕事に必要な資格を取るためというより、専門的な学びを深める目的で進学しました。同時期に通っていた民間の養成スクールでは、開業する際に必要な知識を学んだり、カウンセリングの実践授業を受けました。

最後に、セカンドキャリアとして、独学で勉強して開業する。定年退職後に心理カウンセラーを志す人もいらっしゃるのだとか。これから心理カウンセラーを志す方は、ご自身に合った勉強の仕方を検討してみてくださいね。

私は心理カウンセラーの仕事を始めて6年目になりました。仕事をし始めた頃は、多くの人が経験してきた事柄（就職活動、アルバイトなど）を自分は経験したことがないのが弱みだと感じていました。20代後半にもなってくると、今から人生経験のためにアルバイトをしたり、企業で会社員として働く時間があるなら、自分の専門分野に携わっている方が社会貢献になるのではないか。今の自分にできることをやった方が賢明なのではないか、と考えるようになりました。

20代前半、人生経験が乏しいのをコンプレックスに感じていた時期に、いろんな職業の人にこうした悩みを話していました。

弁護士さんは「自分はクライアントの気持ちを理解するために犯罪をすることはできない。すべてを経験している必要はないと思う」とおっしゃっていました。

うん、確かに。

作家さんは「誰も経験したことがないシチュエーション（異世界へ転生とか、未来人との遭遇とか）は、誰も正解を知らないから、経験しなくても想像で物語が書ける。けれど、大多数の人が経験していることはある程度の正解があるから、自分に経験がない場合は取材をして事実を知らないと共感が得られる物語は書けない」とおっしゃっていました。なるほど。

様々な立場の人とお話をする中で私の知らない世界を教えていただき、疑似体験をする。こんな感じで、心理カウンセラーとして仕事をし始めた2018

年よりも現在の方が、人生経験は豊かになっているんじゃないかな。まだまだ未熟者。心理カウンセラーとして、説得力のある30代、40代になるのが今から楽しみなんです。

あとは著書を出版したり、Podcastや雑誌、テレビに出演したり。私の活動は、多くの心理カウンセラーとは違った働き方に見えていることでしょう。

メディアに出る私の心持ちとしては、芸能人やマルチタレントといった意識はなく、あくまで「心理カウンセラーとして発信活動をしている」認識です。心理カウンセラーという職業は、世間と距離があるのが現状です。それを少しでも近づけたい。アイドルだった経験から多少メディア慣れしていて、カメラが回っていてもお話ができるのが私の強みかな、と。実名や顔を出すのはリスクがあるので、メディアに出ることを望まない心理カウンセラーさんもいらっしゃるでしょう。その方々に代わって、広報活動みたいな役割を担えたらいいな、とも思っています。

あ、でも「私は心理カウンセラーだから、世間の皆さんにもそういう目で見てほしい！」とは思っていないです。元アイドルという見方をする人もいるでしょう。人の思想を第三者が決めるなんてできないってこと、心理カウンセラーだからよくわかっているつもりです。だから中元という人間のラベルは、私を見てくださったお一人おひとりが思うように決めていただけたらそれでいいかな。

最近は幅広い働き方をして、複数の肩書を持つ人が増えていますよね。今の私の働き方、たまたまだけれどイマドキっぽいのかな？なんて思っています。カウンセリングをベースに、文章を書きたくなったら本を書き、喋りたいことはPodcastで喋る、みたいな。

私が普段、カウンセリングの仕事をしていて意識していることは、「私が持っている常識や決めつけは全部一旦横に置いておく」です。相談者さんがこれまで生活されてきた世界を教えていただき、その立場を想像する。結果、60分のカウンセリング時間のうち、相談者さんが話す割合が圧倒的に多くなります。

今回は文章でいただいた悩みに文章で回答してみました。1ラリーずつのやり取りなのが、いつものカウンセリングと違って慣れなかったです。心理カウンセラーは提案や否定を極力しないと先ほど書きましたが、便宜上それをしてしまっている回答もあることをご容赦ください。私の個人的な意見とか、過去の経験なんかもここではたくさん話してしまっていますね……。

第2章　未来が見えずに苦しむ人へ

Q

アイドルという夢は諦めた方がいいでしょうか

将来の夢についてです。私は、中学3年生頃からアイドルが大好きになりました。アイドルを見ていると、とても楽しくて、応援したいという気持ちから、自分もアイドルになりたいと思うことが多くなりました。

私はアイドルとは遠い体型をしているので諦めていましたが、どうしてもなりたくてオーディションを受けました。でも、すべて書類落ちでした。

アイドルになりたくて仕方がないのですが、ダイエットはうまくいかないし自信がありません。アイドルという夢は諦めた方がいいのでしょうか？

（ゆりゆり・18歳・女性）

A

アイドルが大好きと言っていただけてなんだか嬉しいです。評価されるポイントが学校のテスト勉強とは少し違う業界なので、オーディションって難しいですよね。運とか相性とかは、アイドルになるためだけでなく、なったあとも常に感じるかもなあ。オーディションの話をするなら、それは審査員が選んだ結果で、グループの雰囲気とか、ほかのメンバーとのバランスとか、審査員の好みとか、いろんな事情で決められます。書類審査落選がいくつも続くと落ち込んでしまいますが、「やれるだけのことをやったから、あとは祈るのみ！」と、最後には吹っ切れる潔さがあると穏やかに結果を待っていられるのかなと思いました。

諦めるべきかどうかについて。現在、アイドル活動は実に幅広く展開されています。ソロで活動している人も大人数のグループもいます。10代後半から20代前半を中心としている所も、もう少し年上の所も。YouTubeやSNSで自らメディアを持てるようになったので、大手の芸能事務所に所属せずフリーで、セルフプロデュースでアイドルをしている人もいます。

どんな形でもいいからアイドルをやりたいなら、何歳からでも始められます。大きな会場でライブをしたいとか、歌番組に出たいといった夢があるなら、各オーディションの募集条件に定められている年齢の上限は一つの目安になります。とはいえ18歳ならまだまだ挑戦できる年齢だと思うので、ご自身が後悔のないように挑戦してみてご縁を待つのもアリなのかな。アイドルになるために大学受験はしません！みたいなことは少々リスキーだと思うので、選択肢をなるべく多く残しながらの挑戦をおすすめします。

一点心配なのは、ダイエットです。確かにアイドルは身体のラインが華奢な人が多いです。それは日頃のケアの賜物なのも事実です。ただ、ゆりゆりさんは現在18歳で、その数年前からアイドルを目指してダイエットしていたのだとしたら、一番体型の維持が難しい時期だと思います。

高校生の時期は、いわゆる女性らしい体型になるために脂肪を蓄えようとするため、運動や食事に気を付けてもなかなか結果につながらない人もいます。甘いものや揚げ物などを控えるのは健康的な心がけですが、必要以上に摂取カロリーを減らそうとするのは危険です。お風呂上がりにマッサージをしたり、睡眠時間をしっかり確保して、無理のないダイエットを意識してくださいね。好きなアイドルのダンスを覚えて踊るとかは、楽しみながらダンスの練習にもなって良いかもしれません。

「将来子どもができて、アイドルになりたいって言ったらどうする？」と聞かれることがあります。私は両親がのびのび育ててくれて、挑戦させてくれる環境だったことに感謝をしているので、絶対反対とは言わないかもしれない。でも、内心とっても心配しちゃうだろうな。

Q 芸能マネージャーになりたいけど親に言えません

進路について悩んでいます。小学校1年生の頃から陸上をやっていて、夢は箱根駅伝に出ることでした。夢があったおかげで中学の時、高校から推薦が来て高校に進学しました。ですが、高校時代に腰の怪我を繰り返して走ることができませんでした。監督からは主務（事務などを取り仕切る人）として大学に入れることはできると言われましたが、箱根駅伝という夢があったため、主務で入るのは自分の中で引っ掛かりがあり諦めました。

その後、親から勧められて公務員の専門学校に入学し、公務員の試験で最終試験まで行くことはありましたが、合格することはできず、今に至ります。

今、本当に自分がやりたいことは何かと考えてみると、人の役に立つことや、人に夢や希望を与えられるような仕事をしたいという思いがあります。具体的には芸能界のマネージャーになりたいと思っています。ですが、このことを親には言えなくて、やっぱり地元でほかのことを探すべきなのかなと悩んでいます。

（チキン南蛮・19歳・男性）

A

これまでの陸上経験で学んだことを生かして、誰かをサポートする仕事に就きたい！という目標ができたのですね。箱根駅伝に選手として出場できない現実を突き付けられた時は、きっとすごく悔しい思いをされたのではないでしょうか。それでも与えられた環境で自分の役割を全うし、人の役に立つ喜びを学んだチキン南蛮さんの生き方が素敵です。

携わりたい職業があるなら、挑戦せずに後悔するよりも挑戦してみてほしい、というのが私の本当に勝手なエールです。しかし私は一介のカウンセラーでしかないため、チキン南蛮さんの人生に責任が取れる立場にありません。理想だけを述べるなら背中を押したい。もう少し現実的な話もしてみましょうか。

親御さんに話せていない理由は、反対されそうだからですか？　公務員になることを勧めてくれた親御さんの思いに応えられない申し訳なさがあるからでしょうか。かわいい子には旅をさせよと言いますが、あまりに未知な世界に対しては心配になるのが親心なのでしょうね。チキン南蛮さんも親御さんの気持ちが想像できるから、自分の考えを伝えるかどうか迷いが生じてしまうのかな。

公務員になるのも、芸能マネージャーになるのも、最後は自分で決断していただきたいです。なぜなら、どちらの道に進んでも時には辛い瞬間があるでしょう。その時に、「でも自分で決めた道だから」と思うと納得して踏ん張れるからです。周囲の人間の言う通りにして、「今とても辛いじゃないか。こうなったのは周囲の人間のせいだ」と恨み節が浮かんだところで、誰も責任を取ってはくれません。だからこそ、チキン南蛮さんは自分の意思で、好きなようにやったらいいんです。素直な気持ちと、将来想定されるリスクと、天秤にかけてじっくり検討してみてください。正解がないので悩みますが、悩んで出した答えならきっと自分でも納得できるはず。

人の役に立つ仕事はほかにもありますが、芸能マネージャーになりたいのはなぜでしょうか。その点を明確に説明できるようにしておいた方が、チキン南蛮さんが自信を持って親御さんと話ができると思います。芸能と言ってもアーティスト、タレント、演歌歌手、声優、舞台役者、芸人、大御所俳優などマネジメントの対象は様々ですし、新人を育成することもあります。自分が希望していなかった場所でも、人の役に立つ仕事であると前向きに取り組めそうですか。

就職してみて「やっぱ違ったな」ということはどの仕事にもあるかと思いますが、チキン南蛮さんの考えを深めるために少し問いかけをしてみました。

Q

このまま夢を追っていてもいいのでしょうか

仕事を始めて5年目に入ろうとしています。働く中で何をしてもうまくいかず、ここに自分がいる意味があるのか、ここにいることが正解なのかがわかりません。

今の仕事は幼い頃からの夢を叶えるために始めたこともあり、簡単に逃げ出したい訳ではありません。けれども、このままこの夢を追っていてもいいのか、毎朝出勤しながら自分って何なんだろう、何やってんだろうと思う日が増えてきています。

こういう時、どうするのが正解でしょうか？　もしくは正解はあるのでしょうか？

（うみと・22歳・男性）

A

今の仕事は、その先にある夢を叶えるために必要な過程なのですね。新しく覚えなければいけないことが減って「こなす」フェーズに入っているのでしょうか。長い時間と技術の積み重ねが求められる夢の場合、ずっと熱量を持って努力し続ける胆力も必要になってくるでしょう。職業の詳細はわかりませんが、職場で自分の存在意義がイマイチ感じられないこと、うまくいかないことが多いと感じているというエピソードから、うみとさんの葛藤が伝わってきます。

夢を実現させたい気持ちと、夢を諦めて今感じている葛藤から逃避したい気持ちと、一つずつ整理してみてはいかがでしょうか。

夢を実現させたい気持ちの整理は、「なぜその職業に憧れているのか」「夢が叶った先にはどのような生活が待っているだろうか」「その職業に就いてからも、目標を持って仕事ができそうか」など。
今感じている葛藤から逃避したい気持ちの整理は、「何をしてもうまくいかないとは、具体的にどのような状況なのか」「夢を実現するまであとどれくらい時間がかかりそうか」「その時間を耐えられそうか」など。

実現させたい気持ちは本物だけれど、とはいえ目の前の現状が辛い、そんな時は、周囲の人や心理カウンセラーなどを頼って良いと思います。やるって決めたなら弱音を吐かずにやるべきだ！とは私は思いません。ストレス発散をしながら、なんとか踏ん張れそうなのか。それとも、様々なサポートがあったとしても辛さの方が勝ってしまいそうなのか。自分自身と相談をしながら検討してみてください。

うみとさんの日々の葛藤は、ストレス反応と同じことが言えると思いました。ストレス自体は悪者ではありません。入試・スポーツや芸術の大会など幅広く言えることですが、難しい課題にイライラしたりモヤモヤしたりしながらも自分を高めた時間は、やがて自分の成長につながります。過去を振り返ってみても、辛かったけれど挑戦して良かった高い壁があったはず。

自分にとって必要な一時的なストレスか、それとも必要以上のストレスで壊れそうなので、自分を守ることを最優先に考えた方が良いか。うみとさんのお疲れ度合いや心身の状態を観察して見極めてみてください。ストレス反応は生きているうえで避けることは難しいです。だからこそ、日常的なストレスケアが大切になってきます。

憧れだった職業に就くことで、ますます仕事を頑張れる人もいます。一方で、叶うまでに頑張りすぎて燃え尽き症候群っぽくなってしまったり、憧れが強すぎて実際とのギャップにガッカリしてしまう人の話も聞きます。うみとさんはどちらなんだろう。

Q 今の会社で頑張るか、新しい道を模索するか

現在、民間企業で研究職として勤務している会社員です。

2年前に大学院で修士号を取得し、昔からの夢であった研究を仕事にすることができました。しかし、実際に2年間働いてみると、自分の仕事が世間に与えるインパクトの小ささや、今の会社で将来どのようなキャリアを描くのかがなんとなく想像できるようになってしまい、理想と現実のギャップに悩むことが日々多くなりました。

現在は中元さんと同じ27歳で、大学での博士号の取得や他企業への転職を考えると、挑戦できる年齢としては今が最後なんじゃないかと考えるようになりました。

中元さんは、アイドルを卒業後、カウンセラーという別の道に進みながらも大学に通われた経歴をお持ちで、私が進みたい道の一つを体現しているように感じました。

今の企業で頑張ってみるか、新たな道を模索するかを決めるのは最終的には自分だとわかっているのですが、今後を決める上でのアドバイスや、中元さんの経験談などあれば教えていただけると嬉しいです。

（めもつん・27歳・男性）

A

挑戦するのに年齢は関係ないと世間では言われます。実際、大器晩成型の人のサクセスストーリーは心打たれますし、「自分もまだまだこれからだ！」と希望をもらえます。挑戦する人は何歳だろうと関係なくすごいです。

でも、現実的には、業界の定める期限（〇歳以降は転職が厳しくなるなど）や、体力の衰え、同世代が挑戦を控えて安定志向にシフトしていく状況など、年齢を重ねるほど新たな挑戦を断念する後ろ向きな理由が増えていきます。若いうちはまず何者かにならなければいけないため、受験も就職活動も頑張りますが、再度状況を変えようとすると「これまでに築いてきたスキルでそれなりに生きていけちゃうもんな」と迷うことでしょう。

私の話を少ししてみます。アイドルには、業界の定める上限年齢が明確にあるわけではないですが、会社員の定年よりはるかに短いことははじめから頭にありました。セカンドキャリアとして芸能の道を選択するのであれば、一般的に「同業他社への転職」的な意味合いになります。私は歌やダンス、お芝居、バラエティー番組への出演など、当時いた業界での仕事を継続したい気持ちはありませんでした。そうなると残るは「異業種への転職」「退職」です。ちょうどカウンセリングに興味を持ったため、異業種への転職をして今に至ります。

同業他社への転職と違って、未経験採用みたいなものなので、前職でのスキルは通用しない面も多くありましたが、結果的には今のキャリアに満足しています。前職に期限があることが頭にあったからできた選択だと思います。アイドルで定年までご飯が食べられる世界だったら、あえてカウンセラーに転職するか否かは迷ったのかな。どうだろう。

社会人になってから大学進学をし、卒業したことを評価していただくのはとてもありがたいです。一方で、きっとあのタイミングで進学していなかったら後々自分が後悔しそうだったので、キャリアのためというより「自分のため」の選択でした。18歳の時に大学進学しなかったことがずっと引っかかっていて、自分自身を納得させたかった。私、頑固なところがあって、世の中の誰よりも私自身を納得させるのが一番難しいんです。

めもつんさんのお話に戻ります。不確定な要素がたくさんありますね。挑戦した方が絶対に環境が良くなる保証はないし。今のまま環境を変えないなら、会社の先輩を見ていると自分の未来の姿が想像できてしまう。自分より5年先輩が生き生きした顔で仕事をしているか。私生活は充実していそうか。そんな生活を自分が5年後していたいかどうか。

世の中に大きな影響を与える仕事、大きいとは言えない仕事、本当に立場によって様々ですよね。カウンセリングをしていると、「お客様から直接ありがとうって言ってもらえる職業に転職したい」とか「インフラ系の仕事をしていて、皆さんの生活を大きく支えているはずなのに、誰も自分たちの存在を意識していない」などといったお話を聞きます。

会社に入る前に抱いていた理想と現実との違い。昔からの夢だった職業に就けて幸せなのかと思いきや、夢だったからこそ実際に現場で生じるガッカリ感が大きいこともあります。

確かなのは、「挑戦しなかった後悔」は消えるだろうな、ということです。先ほど書いた通り、人生ある程度の分岐点を進んだら、もう回収できなくなってしまうイベントがたくさんあります。私は今からアイドルにはなれないし、不可能ではないにしても今の気力では、医師とか宇宙飛行士とかにはなれない。今27歳ですが、同世代の間では結婚や出産について、それに伴う働き方の変化について話題に上がります。

最終的に決めるのはめもつんさんご自身。おっしゃる通りです。考える上で材料が一つでも多い方が良いなら、私個人の経験から「人生の責任は自分自身にある」という第三者の意見も参考までにお伝えしてみます。アイドルを辞めたタイミングも、心理カウンセラーへの道に進むと決めたのも、全部私の意思です。誰も責任を取ってくれません。だからこそ好き勝手に生きていけて、今のところ失敗はあっても後悔はありません。

Q 自分の「好き」を見つけ、声に出して言いたい

大学の卒業が少しずつ近づき、就活を視野に入れる時期にいます。周囲から何がやりたいのか、何を優先したいのかと様々なことを聞かれますが、自分の中で明確にこんなことがやりたい、これが好きだということが摑みきれません。

また、整理していく上で見つけたかもしれないと感じても、絶対的な自信が持てません。自信がないから人に話すのも恥ずかしい気持ちになってしまい、進路について聞かれるたびに困った顔をしてしまいます。

どうすれば自分の「好き」を見つけ、声に出して言えるようになるのでしょうか。決心するきっかけは何なのでしょうか。

（いののん・22歳・女性）

A

高校や大学の進学先を選ぶ際は、偏差値や学部・立地・学費あたりを基準に選んできた人が多いですかね。選択肢が無限にあるわけではないので、候補を絞るのもそこまで難しくなかったかもしれません。

しかし就職となると、一気に選び方が難しくなりますね。企業の数は多いし、業種も幅広い。なんとなく大学に入学したけれど、これから先どうしようという大学生にとって、これまでの人生で一番選択を迷ってしまうタイミングでしょうか。

私には就職活動の経験がありません。のちほどチラッとお仕事に関する話を共有するとして、まずは企業に勤めて数年経つ友人たちの経験をここで拝借してみます。

友人の就職の様子を当時見ていましたが、はじめから「絶対にあの会社に就職したい」という人はほとんどいませんでした。高専（高等専門学校）や専門学校、または大学院へ進学した人は「○○に関して専門知識を深めて、将来仕事にしたい」とゴールが明確だった一方、4年制大学に進学した人は「高校卒業したからとりあえず大学に進学したけれど、この先どうなるんだろう」と不安を口にしていました。4年制大学に通った友人たちはその後、条件面を優先して就職先を絞っていましたよ。その条件というのは、例えばこんなものが多かったです。

・需要が高まっていて、しばらく失業しなそうな職業
・ハードでもいいから、とにかく稼げる職業
・会社の規模が大きく、福利厚生がしっかりしている企業

就きたい職業が明確にない友人は「どんな生き方をしたいか」を考えていました。どんな生き方を〜というとますます頭を抱えてしまいそうですが、シンプルに「趣味の旅行を楽しみたいから休みがとりやすい仕事」とか、「人と接するのが苦手だから営業以外の仕事」みたいに、仕事を通して得たいものや避けたい状況を検討していたかな。あとは、「自分に合わなかったら転職すればいいや」とも皆言っていました。

どんな上司がいるかとかは、入社しないとわからないですもんね。

いののんさんはやりたいこと、好きなことを見つけたとしても絶対の自信は持てない、とも書かれていましたね。絶対の自信を持っていなくても良いのではないか、と私は思います。

多くの人は、小さな選択を日々繰り返す中で少しずつ自分の意見を持つようになり、意見を他者と共有できたという実績を増やしていきます。いののんさんは、自分の希望よりも相手の希望を優先する優しさをお持ちなのかな、と想像しました。幼い頃からあまりわがままを言わない、聞き分けの良い子どもだったのではないですか？

進路の話と一見関係がないように思うかもしれませんが、普段から自分の意見を持てずにいる人っています。そのようになった原因の一つは「自分の意見を持ち、それを相手に伝える経験」が不足しているのではないか、というのが私の仮説です。意見を求められる場面は日常的にあって、「何食べたい？」「今日どこ行こう、何して遊ぼう？」みたいなことです。相手の気持ちを想像しすぎてしまう人にとっては、これらの質問すら苦手意識を感じるようで、なんでもいいよ、と答えてしまうのですよね。

人に合わせられるのも才能だと思いますが、日常の中にある「自分の意見を持つ機会」を自ら手放してしまっているんです。
それまで相手に選択の主導権を譲ってきた人は、自分の希望で進路を決めることに苦手意識を強く感じてしまうでしょう。ほかの誰でもないあなた自身の考えによって、膨大な数ある企業の中から候補を絞りなさいだなんて、あまりに難易度が高すぎます。

私は現在心理カウンセラーで、前職はアイドルでした。そう聞くと、やりたいことが明確にあって、職業選択に関しては悩んでこなかった人物に見えますよね。実際、ありがたいことにその都度自分がしたい職業が浮かび、ご縁にも助けられてここまできました。いののんさんのおっしゃる「決心するきっかけ」が私にはあったのかな。だとしたら、私が何かを決心する時は、いつも感覚と衝動で決めてきました。一歩間違えると危ない生き方ですね……。

Q 引きずっている夢から心を切り替えるには

ずっと目標にしていた職業（テレビ業界）に就きましたが、2年弱で2回辞め、1年前に夢を諦めました。辞めた理由は、1回目は仕事があまりに忙しすぎて抱えきれなくなったため。2回目は職場環境が原因で体を悪くしたためです。

諦めるだけの理由や体を悪くしたという理由があったとしても、ずっと憧れていた職業だったので、心のどこかではまだ夢を見ていた自分がいて、「辞めるしかなかった」と思う自分と半々の状態です。

憧れていた職業に就くことしか考えたことがなく、それ以外の職業に一切興味がなかったので、今の仕事も「これ！」と決めたわけではなく、「とりあえず仕事をしないと」という気持ちで過ごす日々です。

引きずっている夢からの心の切り替え方が知りたいです。

（しらす・26歳・男性）

体調を壊してしまうと、どうしても継続が難しいことってあります。私もその経験があります。「やれるだけやったよね。悔いとかないよね。ね？」となんとかポジティブに消化しようとしたり、漠然と「あのまま続けていたら自分はどこまで行けたのだろう」とぼんやり考える瞬間は、アイドルを辞めたあとも数年ありました。

しらすさんの前職への熱い気持ちは、ご自分以外の誰にも理解できないものでしょう。夢を諦めるのは葛藤が大きかったでしょう。それでも、自分の身体を大事にするために仕事を辞めたのは英断だったと私は思います。しらすさん自身を大切にする選択を取ってくれて良かったです。

たっぷり休むことでもとどおりになる不調もたくさんありますが、どこか尾を引くような不調もあります。医師の基準では治ったと言えるけれど、どうしても本調子でないと患者が感じる不調というか。身体は消耗品だなあとつくづく思います。しらすさんは26歳ということなので、まだまだ先があります。憧れやかつての傷跡をすべて抱えながら、これからも生きていくんですものね。

引きずっている夢からの心の切り替え方について考えてみます。例えば、プロ野球選手を目指していた高校球児たちは、それぞれのタイミングで夢を諦めて進学や就職する人の割合がきっと多いですよね。皆さんどこで折り合いをつけるのだろう。年齢的なものなのか、あるいは自身にとって最後の大会で悔いがないほどやり切ったのか。甲子園で準優勝したチームの選手よりも、予選で敗退してしまった選手の方が後ろ髪を引かれる感覚が少ないのかな。「あと一歩」のところまでいった夢が手に入らなかった時は、より悔しい思いが強くなりそうです。

しらすさんは、あと一歩どころか、現職としてその業界で仕事をした経験もあるんですものね。しらすさんの夢は「テレビ業界で働くこと」だけではなく、「テレビ業界で働き続けること」「自分が上の立場になって、視聴者が面白いと感じる番組を自分で作ること」など、先々までを思い描いていたのでしょうか。

心は、「はい、もうたった今から切り替えます」と言うだけで切り替わるような簡単なものではありません。自分にとって納得できる形で決着するのが一番です。身体を壊したから仕方なかったと心の底から言えるようになるまで。新しい夢を見つけて前を向けるまで。迷走したまま歩みを進める時期があって良いのだと思います。

時の経過がとても大きな力を持っていることを知っていますか。今の自分では最適解が導き出せない事柄は、1年後、3年後、5年後の自分がどうにか折り合いをつけてくれると信じましょう。

Q

「このままでいいのか」と考えてしまいます

地元を離れて5年経ち、仕事もそれなりに順調でしたが、ある時から「なぜ自分はここにいるんだろう」と意味もなく不安に駆られることが多くなりました。年齢的なことも踏まえて「このままの環境でいいのだろうか」「自分はひとりで最後までいくのかな」と毎晩寝る前に考えてしまい、眠りにつきにくいことが増えています。

次の目標を立てた時に、体力的にも、精神的にも、もう自分には目標を達成できるパワーがないなと後ろ向きになってしまいます。

人生を楽に考えられるようにしたいです。

（りさん・34歳・女性）

A

りさんさんは人生をきっちりきっちり生きてきた印象です。これまで生きてきた時間より、これから先の方が長い年齢かと思いますが、もう頑張れないよ……疲れたよ……と感じるのでしょうか。自分が参加したつもりのないレースにいつの間にか参加させられていて、死ぬまで走り続けなければいけないなんて、想像しただけで気分が沈みますね。

カウンセラーではないですが、同じく心理支援の仕事をしている私の知人がこんなことを言っていました。「頭の良い人ほど、人生を難しく考えてしまって、生きていることの意味がわからなくなるんです。だってコスパ悪いじゃないですか、生きるのって」。ただ生きているだけでお腹が空くし、夜になったらシャワーを浴びないといけないし、仕事に人づきあいにと自分を消耗するイベントはたくさんあります。それに対するご褒美というと、美味しいとか楽しいとか、あるいはほしかったものを買えた喜びとか。その瞬間のためにまた日々頑張り続ける。ご褒美と努力のバランスが取れないと、ただただ疲れだけがドッと残りそうです。

りさんさんは、人生のご褒美にあまり魅力を感じず、体力面・精神面でパワーが湧いてこない中でどうやってこれからを生きていこうか、といった感じでしょうか。

生きることに手を抜くって想像できそうですか？　もっと適当な瞬間や、きっちりしていない瞬間もあって良いのだと思います。

自分が損をしてしまう場面や、ここは頑張った方が自分の評価が上がるはず、という場面は逃さない方が自分のためになります。その一方で、例えば人のためとか、社会のためとか、友人のためとか。誰かのために頑張れるのは素晴らしいことだけれど、それはパワーが有り余っている時に。自分自身が充実しているのが前提です。ほかの人に分け与えるパワーが不足している時は、ひとまず自分だけがどうにか快適に過ごせる生き方にシフトしてみましょう。

なぜ自分はここにいるのだろうかとか、このままの環境で良いのだろうかなど、りさんさんを悩ます問いはあまりに規模が大きいですね。1日2日考えて答えが出るような問いではなさそうです。

りさんさんの文章からは孤独感も伝わってきます。就職のタイミングで地元を出たなら、学生時代からのつながりがある人は簡単に会える距離にはいなくて、人間関係のほとんどが仕事の人でしょうか。地元に嫌な思い出がないのであれば、時々地元に帰ってぼーっとするのもおすすめですよ。実家に泊まるのは親御さんに気を遣ってしまい休めそうにないなら、近くにホテルを取り、誰にも言わずこそっと帰るとか。忙しい中で数日間帰省するなんて、仕事をしていると容易ではないかもしれませんが、りさんさんが人生を楽に考えるためのヒントが地元にあるなら必要な時間だと私は思います。社会人になってからひとり暮らしを始めた自宅だと、休めるようでなかなか休めなかったりしますよねえ。

Q

持病が原因でバイトの面接に合格できません

22歳なのですが、バイト経験がありません。私には基礎疾患の持病があり、環境やその場の状況によって体の調子が悪くなったりします。

ただ疾患があるだけで、面接で断られたり見送られることが多々あります。もちろん作業には支障がない範囲で頑張ろうとしているのですが、なかなか受け入れてもらえません。どうすれば相手にうまく伝えて受け入れてもらえますか?

（ソウ・22歳・男性）

A

持病があっても環境やその場の状況をできる限り調整しながら、なるべく自分が快適に過ごせるように生きていきたいですね。持病について今後説明する場面が何度もあるでしょうから、定型文じゃないけれど、お決まりの説明があると環境調整がしやすいかな。

これまで面接で断られたり見送られてきたバイト先には、採用していただけない理由を説明してもらいましたか。平等に雇用機会を提供するべきという考えがある一方で、バリアフリーにするために一定のお金がかかるとか、職業上どうしても環境調整が難しいなどの理由で、小規模事業者が疾患や障害のある人の雇用を断るケースは過去に事例があります（基礎疾患とはまた少し違う話かもしれませんが……）。

バイト先がお断りする理由が、「設備や環境面での配慮が難しいから」なのか、それとも「基礎疾患の知識があまりない」という経営者の理解不足なのか。理由を教えていただき、それに合った説明をするのが相手にうまく伝えるコツではないでしょうか。理由がわかるとこちらとしても対策の方向性が定まってきますね。

前者で私が知っているのは、通院を定期的に行っていて平日に休みを取る場合があると伝えた際に、渋い顔をされたというものです。従業員が少ない中で定休日でない休みに対応するのは難しかったのでしょう。
後者なら、過去にそのような配慮を求められた事例のない職場で、単純にどう対応すれば良いかわからないだけという可能性も考えました。具体的に配慮してほしい点を伝えて、理解していただける職場の方が、ソウさんが快適に働けそうですよね。時間をかけてバイト先を探すことが双方にとって良いのかもしれません。

バイトは私も経験ないのですよね。周囲の同級生たちとバイト先あるあるやバイト先での悩みを、自分の経験を通して共感することができないことに一時期モヤモヤしていました。人生経験として一度はしておくべきなのかな、と。今となっては、いろんな経歴の人がいていいかと前向きに考えられるようになりました。ソウさんは、バイトをしたいのになかなかご縁がないということなので、また事情が違うでしょうか。疾患に理解があって働きやすいバイト先が見つかるといいですね。

ゆっくりで
大丈夫。

Q

うつと付き合いながらどうやって生きていくか

うつの治療を始めてから22年が経ちます。うつと判らないまま成人し、治療にも長時間かかっているので、正直何をゴールと考えて日々過ごせば良いのか途方に暮れております。働くこともできず、寿命を迎えるまでただなんとなく過ごしているような状況です。

社会復帰を諦めたわけではありませんが、どうしたらまともな社会生活を送れるようになるのか先のビジョンが見えません。どうしたら良いのでしょうか？

（村長・48歳・男性）

A

20代の頃から今に至るまでずっと、うつと付き合っているのですね。今も治療を続けているということですが、治療開始から22年の間に、良くなったり悪くなったりの波があったのか。それともずっとうつ状態が継続しているのかが気になりました。

完治にかかる時間には個人差がありますが、治療を始めて22年は随分長い気はしますね。完全に治して社会復帰していきたいのか、それとも今のまま治療をしながら生活を続けるのか、どうするべきなのか村長さんご自身でもよくわからない状態でしょうか。

治療に関して、主治医の方針と村長さんの希望を擦り合わせてみたことはありますか。タイミングを見失って22年経ったよ〜、今更だよ〜、と思われるかもしれませんが、おそらく今の主治医は「通院や服薬によってうつ状態をなるべく緩和し、穏やかに過ごせるように」、変化よりもキープの治療方針なのかなと思います。私は主治医ではないので、治療方針についていろいろ言える立場ではありませんが……。

うつに関して、ストレス環境をすぐに変えられない患者さんがいます。家族を養っていかなければいけないので仕事を辞められないとか。親とうまくいかないがすぐには距離を置けないとか。そういった人は通院や投薬をしながら、これ以上悪くなることなく仕事や生活ができるようキープを目指します。それも一つの選択肢です。

一方、完治が目指せる疾患なら治したいと考える患者さんも多くいらっしゃいます。

一定期間治療に専念して、また社会に戻っていく。ずっと薬を飲み続けることに抵抗があるという声はよく聞きます。

村長さんは、キープの治療を望んでいるのか、それとも完治を望んでいるのか。今の生活になって長い時間が経っていると思いますが、せっかく今回ご相談いただいたので、これを機にご自身の中で整理してみてはいかがでしょうか。

カウンセラーだって悩むんだから大丈夫です

週3回のオンラインカウンセリングは、私のメイン業務の一つです。60分間話す中で、相談者さんの表情がだんだんと晴れやかになっていったり、涙を流して言葉を詰まらせたり、人の「感情が動く瞬間」に立ち会う重みを肌で感じています。

「カウンセリングを予約した瞬間、『来週話を聞いてもらえるから今週なんとか頑張ろう』って思えました」「カウンセリングで話す内容をまとめているうちに、自分と向き合えたので、今は予約した時ほど悩んでいません」などと時々言われます。カウンセリングは当日の60分間だけでなく、ご予約いただいた時点からすでに始まっているんだそうです。

もっと言うと、「いつか辛くなった時にはカウンセラーに頼ろう」と頭の隅に置いておくだけで心の支えになっている、実際には頼らず日常生活を送れている、とも聞きます。今後も存在し続けることに意味があるような気がしています。カウンセリングルームはまるで街の交番みたいだと思っています。

何かあったらおまわりさんがなんとかしてくれるはずって期待して、近所の交番の位置を把握しておきますよね。実際に利用する機会はほとんどありませんが、絶対的な安心感があります。同じように、スクールカウンセラーの存在とか、近所のカウンセリングルームとか、「いざとなった時、あの場所へ行けば自分は助かる」って認識しておくだけで、心のお守りになるのではないでしょうか。

さて、オンラインカウンセリングを利用する相談者さんの年齢は幅広いですが、中でも私のサロンでは20代後半~40代前半のビジネスパーソンの層が厚いです。職場の話や、これからの生き方の話、あとは体調の話や家庭の話など。ライフステージに合ったお悩みが多くなります。本書では学生さんのお悩みをたくさん聞けたのが新鮮でした。

学生時代って悩みますよね。私も悩みました。実績がない自分に自信が持てないし、学校と地元と家族が自分の世界のほぼすべてだから、その中でうまくいかなくなったらもう人生終わりだって思ったし。ここ10年くらいでSNSが身近になりましたが、今を生きる学生さんたちは良くも悪くも世界が広がったのかな。どっちがいいんだろう……。広い世界を知ったらそれはそれで、また迷いが生じてしまうのかな。

小学生の頃の悩みで覚えているのは、足が遅すぎて「ひめかのせいで白組負けたらどうしてくれるの！」って同級生に責められて以降、運動会が毎年怖くて仕方なかったこと。子ども向けブランドの服とか靴とか身につけている子を見て羨ましくなったこと。

中学生の頃は、ダンススクールでみんなと比べてダンスが下手だったこと。急に痩せなくなってからは容姿のこと。高校生はもはや悩み過ぎて書ききれないので省略。

運動能力も、身体つきも、才能の差も、20代後半になると昔より気にならなくなりました。だからといって、大人になった私が当時の私に「悩んでるのは今だけだから。そのうち解決するから」なんて声かけはできないです。「その〝今〟が辛いんだよ！」って、過去の私に怒鳴られてしまうでしょう。当時の私は、相談相手には一緒に悩んでほしいとは言わないけれど、目線を合わせて話を聞いてくれる姿勢を期待するんじゃないかな。

仕事でたくさんの悩みを聞く心理カウンセラー本人は悩まないのか？と質問されます。そんなことないです、時には悩みますよ〜。

自分の心が元気ない時期は「悩みを受け止める立場の私がしっかりしなきゃいけないのに情けない」って自己嫌悪になりますし、心が元気な時期は「相談者さんがいろいろと悩んでいるのに私だけ元気でいいんだろうか。悩みに共感するセンサーが鈍ってしまわないだろうか」と葛藤したこともあります。

いずれも考えすぎていました。カウンセリングに支障が出ていないのであれば、私生活がハッピーでも悩みまくりでも、仕事は十分に成立するというのがとりあえずの結論です。心理カウンセラーだって人間なのだから、悩んだらほかの心理カウンセラーを頼ればいいんです。私も数か月に一回、プロの方に自分の話をする時間を設けるようにしています。メンテナンスです。普段からセルフケアは意識していますし、別の捉え方をして前向きに消化するなど、知識でカバーしている部分も大きい。それでも、やっぱり悩む時は悩む！

ここまで読んでくださっているあなた。悩みをどうにかする職業の心理カウンセラーが悩むんだから、そりゃ自分も悩むよねって思えると、「悩む」こと自体に後ろめたさがなくなる気がしませんか。

長い人生の中で、自分ではどうしようもできないくらいに深刻に悩む時期が一度や二度あることでしょう。繊細な性格の方は、他人よりも悩む物事が多いかもしれない。ダメージが大きい出来事のあとは、悩む期間が長くなる場合もあります。

心理カウンセラーは相談者さんの家族や親友ではないので、24時間365日、相談者さんのそばで見守り続けるのは難しいです。それでも、一番しんどい時期に少し休憩して、弱音とか愚痴とか不安とかを吐き出して、自力で歩きだせそうになるまで充電する場所って思っていただけたらいいんじゃないかな。相談者さんが元気になって、心理カウンセラーの存在を自然と忘れるようになったら、それはとても良い変化だと私は思います。

今がとっても辛くて、でも話せる相手がいなくて、どこにも居場所がなくなって孤独を感じた時に、「そういえば心理カウンセラーがいた」って思い出してください。私たち心理カウンセラーは、あなたの味方です。

第3章

心が不安でいっぱいの人へ

Q 大人になるのが怖いです

大人になるのが怖いです。もう20歳ですが、大人になるとは甘えられなくなることなのかなと思い、怖いです。

私は17歳の時、少し無理をして救急搬送されました。看護師さんに悩みを打ち明けたら「17歳が頑張ることではない」と言われ心が軽くなったことを覚えています。

しかし、その時から大人になることが怖いです。「もう大人なんだから頑張らなきゃ」って。「もう甘えられないんだ」って。孤独を感じます。

他人に甘えられないなら自分で自分を大切に、時には自分で自分を甘やかすべきだと思いますが、その方法もわからず、やっぱり大人になることが怖いです。

どうすれば、怖がらず前向きに大人になれるでしょうか。

（まる・20歳・女性）

A

緊急搬送されるほどなんて、当時相当無理をされたのではないでしょうか。その後体調は回復されましたか？　悩みを打ち明けた看護師さんの返答で心が軽くなったのと同時に、大人になることが怖いという思いが生まれてしまったのですね。

看護師さんの言葉を「成人したら頑張らなきゃいけない」と解釈されたというエピソードから、まるさんの責任感の強さや、自分への厳しさが伝わってきます。実際に成人を迎えられてからは、それまで以上にしっかりしなきゃ！と日々頑張っていらっしゃることと思います。

私なりの結論を先に申し上げますと、何歳になっても時には人に甘えながら生きていくものなのではないでしょうか。大人というのは、行動や発言に責任を伴うようになり、仕事で苦手な人とも関わらなきゃいけなくなり、プライベートな時間が学生時代より減るケースが多いです。誰かに甘えたくなる・頼りたくなる瞬間が発生しそうですよね。幼い子が親に対して甘えるのとは形が違いますが、他愛もないことで連絡したり、食事に行って愚痴を言ったりして、大人でも誰かに甘える方法はいろいろあります。

人に甘えるのは、度を越えていなければ決して悪いことではありません。甘えられた相手も「相手に必要とされているんだ」と自分の存在を前向きに捉えることができるからです。逆に、大切な友人や家族が全く甘えてこない場合、人によっては「何を考えているんだろう」とか「苦しそうにしているのに本音を話してくれないから、力になれず悲しい」と寂しさを感じさせてしまうことすらあります。なので、大人になることを必要以上に怖がらないで、とお伝えしたいです。

まるさんが数年前にお世話になった優しい看護師さんは「17歳で若いのに、救急搬送されるほど頑張ってしまったんだね」というニュアンスだったのかな？と。会話の前後がわからないので、私の勝手な想像ですがそう思いました。甘えられるのは今のうちだよ、ということではなく、「これからはもう少し肩の力を抜いてみると楽になるんじゃないかな」と伝えようとしてくれていたのではないでしょうか。

「自分で自分を大切に、時には自分で自分を甘やかすべきだと思います」の部分、私も賛成です。他人に甘えられないことはないですが、とはいえ困った時にいつでも他人を頼れるとは限りません。他人に甘えられる方法も習得しつつ、自分でも自分を大切にし、甘やかしてあげられるようになるとより生きやすさがアップしそうです。

自分を甘やかす方法を2つ提案させてください。「自分で自分を甘やかすべき」という発想が浮かんでいる時点で、大人として前向きに生きていくスタートラインに立っていらっしゃるので、きっと大丈夫ですよ。

1つ目。まるさんは、自分の要求をキャッチできていますか? 学校(仕事)に行きたくない、甘いものが食べたい、趣味や好きなことをする時間を増やしたい。そういった自分のわがままを時々聞いてあげてください。自分が何を求めているのかを一番気づいてあげられるのは自分自身なはずです。

2つ目。できたことを褒めて自分の頑張りを認めてあげること。できて当たり前、できないことはダメという厳しさから、17歳の時は限界を超えた頑張りをしてしまったのでしょうか。1日1つ、頑張ったことを見つけて褒めてみてください。私の最近の自分褒めポイントは、「仕事のレスポンスを早めに返した自分えらいな」「お料理して食費の節約もできてえらいな」「愛犬のお散歩行ってえらいな」です。どれも自分のためにやるべきことですが、自分を甘やかす良い練習になりますよ。

超個人的な考えですが。大人になって良かったと感じる瞬間は、子ども扱いをされずに、ひとりの大人として年上の人たちの話を聞けるようになったことでしょうか。私は人生の先輩から、経験の一部を共有させてもらっている時が楽しいです。まるさんがいつか、大人も悪くないかもと思える日がくることを祈っています。

自分グッジョブ!

Q

心の中に留めておくと良い考えとリラックス方法

現在大学1年生なのですが、第一志望ではない大学へ入ったためコンプレックスがあり、仮面浪人を決意しました。

しかし新しい生活が始まると、大学の講義を受けるだけで疲れてしまい、受験のための勉強には思うように時間が割けません。

自分で決めたことではあるのですが、周りの友達は楽しそうに大学生活を送っている中、「なぜ自分だけ……」とイライラしてしまい、友達との距離感もうまく縮められません。メンタルの浮き沈みもあり、今の自分が嫌いです。

努力する上でいろいろな困難があると思いますが、何か心の中に留めておくと良い考えや、おすすめのリラックス法などありませんか？　教えていただけたら嬉しいです。

（おしゃべりなライオン・19歳・男性）

A

勉強や大学の講義、日々お疲れ様です。周囲の学生さんたちのペースでなく、独自の勉強スケジュールを管理して動かなければいけないなんて私には想像もできません。限られた時間の中で精一杯努力されていることと思います。

ストレスへの意識的な対処をまとめて「ストレスコーピング」と言います。おしゃべりなライオンさんが心穏やかに過ごせるための方法をいくつか提案したいと思います。

リラックスに関しては五感に働きかける方法が思い浮かびます。アロマやお香などでリラックスできる香りを取り入れるとか、ゆったりした音楽をかけるとか、部屋の照明を少し落として薄暗い中で気持ちを落ち着けるとか。おしゃべりなライオンさんがご自身の五感の好みを把握されているなら、そのような環境を作ってリセットする時間を設けるのは一つの手です。

あとは「漸進的筋弛緩法《ぜんしんてききんしかんほう》」がおすすめです。お金がかからず、場所を選ばず、リラクゼーションの科学的根拠が確立されている方法です。漸進的（身体のパーツごとに少しずつ）、筋弛緩（力を抜いていく）という意味で、身体の脱力とともに心も緩める方法です。文章で説明できるかな。例えば肩を漸進的筋弛緩法で緩めてみるので、実践してみてください。

【両肩を思いっきり上げ、首をすぼめるように肩に力を入れます。そのまま10秒キープ。10秒経ったら一気にストンと肩をおろしましょう】

私も今、文章を書く手を少し止めてやってみました。意識することがないけれど、こうして丁寧に脱力してみると普段から肩に力が入っていたな、というのを実感します。肩回りがこわばると呼吸も浅くなっていき、全身の血流が滞っていく悪循環に陥ります。勉強の合間にやってみてくださいね。正式な方法でやると、顔からつま先まで全身をスキャンするように緩めることができます。

五感に働きかける方法や漸進的筋弛緩法は、どちらも日常的にできる方法です。それらとは別に、めちゃめちゃ疲れた時のためにグッとストレス値が下がる方法も持っていると使い分けができていいですね。

私はひとりで隣県の温泉地へ行き、一泊すると一気にリラックスできます。普段生活しているエリアとは空気が変わって、解放感や安堵感も大きいです。そこまで時間が取れないなって時にも、外へ出てカフェで作業するようにしたり、ホテルのデイ利用で作業することもあります。いずれも気分が変わりますし、せっかく外へ出たんだから作業進めなきゃもったいない！と思うと捗ります。

Q 出社する前の夜、謎の不安に駆られます

社会人になってひとり暮らしが始まりました。

会社は在宅勤務（リモートワーク）と出社が混ざっているシステムで、業務の日程により、在宅が多い月と、出社が多い月があります。

在宅が多い月に、たまに出社するとなった時、その前の夜に眠れなくなることが多いのです。謎の不安に駆られます。

このように不安に駆られて寝られない夜、中元さんならどのように対処しますか？


（ピカ・26歳・男性）

A

睡眠って難しいですよね。睡眠のリズムが簡単に崩れてしまうこと、私も自分の経験から感じます。

ピカさんは、出社に対して緊張を感じ、布団に入っても心身がリラックスモードに切り替わらないため、眠れなくなってしまっています。心の不安への対処は後半に書くことにして、まずは眠りやすくなるための身体へのアプローチをいくつか。

入浴に関して。シャワーだけで済ませず、湯舟に浸かった方が眠りやすいと言われます。入る時のコツは、お湯をぬるめに設定すること。38℃くらいのお湯に10～15分かけてゆっくり浸かりましょう。

寝酒に関して。お酒は睡眠の質を著しく下げると言われるため一般的に寝酒は推奨されていませんが、入眠を手伝ってくれる効果は私も感じます。アルコールの中に含まれるアセトアルデヒドという物質が分解される時に、身体が覚醒して眠りが浅くなったり、目が覚めてしまうようになって睡眠の質が下がるのです。習慣にすると身体に良くないけれど、どうしても眠れない、けれど寝なきゃいけない夜ってありますよね。そのような時にお酒の力を借りるのは、時々なら悪くないと私は思います。何より、眠れない夜って精神的に辛いんですよね。寝なきゃっていうプレッシャーでどんどん頭が冴えてきちゃう感じがして。どんな手を使ってでも寝たい！という人は頭の片隅に。

睡眠薬について。睡眠薬を服用して寝ている人もいるでしょう。睡眠薬は、超短時間型、短時間型、中間型、長時間型の４種類に分けられます。入眠しづらい、夜中に目が覚めてしまうなど、患者の症状に合った薬が処方されます。そのほか、抗不安薬という薬で、不安を和らげて睡眠を促す処方もあります。睡眠薬の類は抵抗があると話す人も少なくないためゴリ押しはしませんが、病院で処方してもらえる薬があると知っておいて損はないはず。

ピカさんが知りたいのは寝られない時の対処法ということでしたが、根本的に夜眠れなくなる頻度が減ってくれたらいいのに、ともお考えですか？　最初の数か月は環境に慣れるのに時間がかかるものとして、だんだん眠れるようになっていたら良いのですが、出社前夜に不安を感じる状態が長く継続しているなら体調への影響も心配です。在宅勤務と出社での違いを比較検討して、自分が何を負担と感じているかを分析してみても良いかもしれません。

Q

冬が憂鬱で、何をしても楽しくないです

大学生の頃から、11月頃になると抑うつ症状が出てしまい、冬が憂鬱で仕方ないです。あと何回この思いをしなければならないのか不安ですし、冬は何をしても楽しくない日が多く、なかなか笑顔になれません。
冬にしたら前向きになれることがあったらお聞きしたいです。

（あんこ・23歳・女性）

A

特定の季節が苦手な人はいらっしゃいます。過去に辛い出来事があったから毎年○月がくるのがトラウマ。環境の変化が苦手なので3月が憂鬱。気圧の変化で片頭痛や

目眩を感じるので梅雨時が苦手など。辛い思いをしながらやっと乗り越えても、また1年後に11月がやってくることを思うとやりきれないですね。

あんこさんの11月頃の抑うつの症状と関連があるかどうか、この文章だけでは判断できませんが、冬は日照時間が短くなるためにほかの季節と比べてセロトニン（別名：幸せホルモン）が作られにくくなり、抑うつ症状が出やすくなると言われています。四季のある日本で過ごしていると冬はセロトニンが分泌されにくいんですね。冬季うつと呼ばれたりします。メンタルケアの一環として、夏は1日15分、冬は1日30分程度太陽光を浴びるのが良いと言われています。苦手な季節には、予定を詰め過ぎないようにしてゆったり過ごすようにしましょう。

冬にしたら前向きになれることですね。やはりお日様は偉大です。日照時間が短く、抑うつ状態に陥りやすい時こそ、晴れている日は日光浴を意識してみましょう。家の中でも、ベランダから日の光を感じられるならOKです。また、セロトニンは食事で摂ることもできます。肉や魚・大豆などのタンパク質を摂ることで、セロトニン生成に必要なトリプトファンを摂取できます。

抑うつ状態と診断された患者の家族が、心療内科で医師に「サポートのために何かできることはありませんか？」と質問をしたら、「とりあえずカーテンを開けてください。本人が嫌がっても」と返すんだそうです。心がしんどい時って太陽の光が鬱陶しいと感じるかもしれませんが、簡単にできて、お金も手間もかからない方法なので覚えておきましょう。

Q

病気と向き合い、克服していくべきでしょうか

私は今精神科に通っています。ですが、明確な病名などはちゃんと調べてはいません。通っていて気持ちは少し楽になるものの、明確なものがわからないため、何に向き合って克服していくべきかわからずにいます。検査して向き合うものがわかったら自分の逃げ場にしてしまう気がして、どっちがいいのかわかりません。

ひめかさんならこんな時、どうしたらいいと思いますか?

（すなお。・19歳・女性）

A

通っていて気持ちが少し楽になる感覚があると聞き安心しました。しかし、症状との向き合い方は確かに難しいと感じそうです。

精神科とほかの科との違いの一つに、精神科は「診断名をハッキリさせる必要が必ずしもあるわけではない」という考え方があると思います。肺に影がありますねとか、血液検査をしたら白血球の値が正常ではないですねといったように、客観的なデータをもって診断確定をするのが難しいケースが精神科にはたくさんあります。

生活をする上で何に困っているのかを聞き、抑うつや不眠など実際に患者さんが感じている症状を和らげることが大切、と考えるお医者さんが多いです。

すなお。さんは、病名を明確にするべきか、しないでおくべきか、どちらが良いか悩んでいるのですね。参考までに、私の過去の経験を共有します。

私は何度か転院し、診断名も何度か変わった経験があります。当時の私は診断名を明確に知りたい派の人で、ネットで自分の症状についていろいろと調べました。そして最初に診断されてから数か月経った時に「もしかして診断名が違うのでは？」と治療に迷いが生じて、別の病院でセカンドオピニオンを受けることにしました。

新しい病院で自分が思う診断名を話したところ「うん、その節もあるね」といった感じで診断名が変わりました。処方される薬もガラッと変わり、治療方針も変わって数か月後。あれ、一時的な症状だったのかな。今の薬は自分に合っていない気がする。と再び迷うようになってしまい、その後しばらく病院&診断名迷子になった経験があります。心身の調子が良いとは言えない中で、私は一生病院に通い続けるのかな。自分に合う薬を探し続けるのかな。と、これからを前向きに考えられないほど頭を抱えた時期がありました。

診断名をハッキリするか否か、どちらが適切かは個々の性格次第だと思います。ただ、私は診断名にこだわり過ぎて診断確定に時間がかかり、その過程で疲れてしまった経験から、「診察や服薬は、自分が日々の生活を穏やかに送れるようになるためのもの」と考えるようになりました。

すなお。さんは、「何に向き合って克服していくべきかわからずに」いる一方、「向き合うものがわかったら自分の逃げ場にしてしまう気がして」しまい、どちらが良いかを悩んでいらっしゃるのですね。

一つ思うのは、治療に関して疑問に思うことがあったら、進んで質問をしてみるのは大切だということです。主治医の立場から見て、どの程度回復していると言えるのか。服薬されているなら、長く薬を服用し続けることのデメリットはないのか。または、将来的に薬を減らしたいとか、理想としては通院頻度を少しずつ下げていきたい、などの相談ごとも聞いてもらえるでしょう。治療をしていて気になる点は積極的に主治医に話して共有してみましょう。

診断名がわからなくてモヤモヤするのなら、いっそ聞いてみるのもいいと思います。ただ私のように診断名迷子になって病院や薬を頻繁に変更するのは、体力的にも精神的にも疲れてしまう場合があります。大切なのは、「今の治療に不満はないか。疑問点はないか。長い目で見て、どのような状態に持っていけたらベストと考えているか」ということだと私は思います。答えになっているでしょうか。

Q カッとしやすい先輩に恐怖心を抱かず働くには

会社で不機嫌をわかりやすく表現する先輩がいて悩んでいます。

仕事を離れて同僚と飲みに行く時などはとても優しいので、根が意地悪というわけではないと思うのですが、先輩の仕事がうまくいかなかったり、こちらが先輩の思う通りに動けなかったりすると、目を合わせてもらえなかったり、物に当たったり（共用の文房具を投げ捨てるなど）します。私が気にしやすい性格ということもあって、先輩を不機嫌にさせていないかが気になり、日々ビクビク過ごしています。

先輩は、自分がカッとしやすいことは自覚されているようですし、30年以上そのような性格でいる先輩自身を変えることは不可能だと思うのですが、私自身が無駄な恐怖心を抱かずに仕事ができるような方法や考え方は何かないでしょうか？　できるだけ皆が働きやすい空気のいい部署にしたいと思うのですが、常に周りがどう思っているかを考えてしまい疲れてしまいます……。

（たなか・26歳・女性）

A

今の職場環境では、先輩の不機嫌さや周囲の気遣いを嫌でも感じ取ってしまい、常に緊張感の抜けない状況になりそうです。想像すると私までヒヤッとします。

先輩にとって、不機嫌なのを態度に出しても良いことは何もないように感じます。後輩は萎縮してしまうし、それによりチームのパフォーマンスが落ちたら会社全体としても損失です。先輩より上の立場の人が、不機嫌を露骨に表現しないようにと注意してくれたら、少しは落ち着くでしょうか。

「30年以上そのような性格でいる先輩自身を変えることは不可能だと思うのですが」とのことですが、そうなんですよね。心理学の世界でも、他人に変わってもらうよう働きかけるよりも、自分が変わる方が早くて確実と考えます。たなかさんが少しでもその先輩への「無駄な恐怖心を抱かずに仕事ができるような方法や考え方」を取り入れられたら、根本的な解決とはいかなくても少し心が楽になるでしょうか。

たなかさんご自身の考え方の変容について。気にしやすい性格と自分を評価されていましたね。考えてみれば、たなかさんや職場のほかの人に落ち度がない場合がほとんどでしょう。先輩の怒りが正当か否かは誰が見ても明白です。

「一時的に頭に血がのぼっているみたい。鎮まるまでそっとしておこう」「今日仕事以外で嫌なことでもあったのかな」など、必要以上に怯えずどっしりと構えてみるのはどうでしょうか。人間は怒りを長時間継続することはできないようになっています。先輩は、イライラがピークになった時は表に出さないと気が済まないのでしょう。先輩がイライラするたびにたなかさんが心を痛めていては、たなかさんがどんどん疲弊してしまいます。それはちょっと悔しい気がしませんか。

どうしても居心地が悪い場合は、数分離席して給湯室やお手洗いへ避難するなどして、先輩の言動にハラハラしていた時間をこれからは「自分だけを守る時間」にしてみましょう。

relax

Q

トラウマを抱えながら生活に向き合う方法

以前、不眠症による自律神経失調症となり思い出したくもないほど辛い時期がありました。現在は、ある程度症状は落ち着いてきています。

ですが、以前と全く同じように生活することは難しく、トラウマとして頭に不安が残っています。「また眠れなくなったらどうしよう」「もう元には戻れないのか」と考え落ち込む日が多くあります。全く考えないということはできないと思ってはいますが、完璧主義で心配性の私は重く受け止めてしまいます。

トラウマが頭に残っている生活との向き合い方、トラウマにより保守的になってしまうマインドの改善を相談したいです。

（ボマイェ・22歳・男性）

A

トラウマ体験を、ここでは傷に例えようかな。身体の傷は時間をかけて少しずつ治っていくものですが、見えている傷口を視界に入れないようにするのは自分の意思だけでどうにかできるものではありませんよね。「傷口を見ないようにしよう」と意識してしまっている自分に気がつき、いつか完全に解放される日は来るのだろうか、と息苦しさを感じそうです。

思い出したくもないほど辛い時期を過ごされたとのことで、大変でしたね。自律神経失調症や不眠症は心身ともに疲弊してしまいますよね。夜が来るたび絶望して、疲れていて寝たいのに全く眠れなくて。明日も学校に行かなきゃいけないのに。夜の暗さや静寂も手伝って、落ちるところまで落ちていくような感覚。

私も不眠症だった時期があります。今もちょっとしたことで睡眠のリズムが崩れやすいです。一番酷かった時期は一睡もできないまま朝が来て、平井堅さんのMusic

Videoを見ながら涙を流していました。なぜ平井堅さんだったのだろう。歌声が落ち着くから？

トラウマが頭に残っている生活との向き合い方・トラウマにより保守的になってしまうマインドの改善について。ボマイェさんのおっしゃるように、完璧主義的な「もう二度とあの頃のようになりたくない」という考えを持っていると、必ずとは言いませんがそれがフリになってしまうことがあります。もしも再び不眠や自律神経失調症の症状が出たとしたら、その時の落胆は想像しただけでも辛いです。

人の記憶は、思い出すたびに上書きされて保存されます。おいおい、そんなこと言わないでくれよってなりますね、すみません。だから思い出さないように、と言いたいのではありません。最終的にはそのことについて意識しなくなるのが理想ですが、その前に踏むべきステップがあります。

思い出した時に無理して忘れようとするのでなく、過去を否定するでもなく「そんな時期もあったよね」と受け入れてあげる。頭によぎった過去を事実として捉え、それ以上でもそれ以下でもない、と自分の中で静かに処理する。必要以上に過去に落胆しなくていいし、もう完全に治した！と強がる必要もない。「それはそれとして、明日の予定は……」などと、自然な流れで別のことを考えてみましょう。

「二度とうつ病にはならない！と断言した人の方が再発率が高く、発症するかもしれないと言う人ほど再発しづらい」と言われます。うつ病に限らず、広く精神疾患を経験した人に言える心持ちだと思います。

Q

死への恐怖が大きくなってきて苦しい

単刀直入に言うと、死が怖いです。

小学3年生頃にある文章を読んだ時からそんなことを思い始めていたのですが、最近は自分がよく知る著名人の方々の訃報を目にすることが増えたほか、応援しているバンドのメンバーが急逝してしまったこともあり、死や病気に対する恐怖が大きくなってきていて、正直苦しいです。

周りの人に相談することも考えてみましたが、それによって今度は相談相手が自分のように苦しんでしまうのではないか、また、「まだ若いんだからそんなこと考えなくてもいい」と言われてしまうような気がして相談できずにいます。

若い方でも亡くなることはありますから、いつ亡くなってもおかしくないし、1日1秒を大切に生きようと自分なりに考えるようにはしていますが、なかなかモヤモヤ感や不安感のようなものが拭い切れずにいます。

少しでも良いので、何か対処の仕方などあれば教えていただけると嬉しいです。

（ふじみつ・19歳・男性）

A

普段こういう話は避けられがちで、話そうとしても制止されてしまいそうです。だからこそ、ふじみつさんは誰かに死の恐怖への共感を求めることを遠慮してしまい、ひとりでモヤモヤするのですよね。「そんな悲しいこと言わないで」とか「暗い気持ちになるからその話やめて」と言わなそうな人に、今の不安な気持ちをたくさん話すことができた時、ふじみつさんの気持ちが楽になりそうです。

死というものは、実態がわからないために恐ろしいと感じる人が多くいるのだと思います。臨死体験をした人を除いて、基本的に一度しか経験しないことなので、「経験者は語る」みたいな体験の共有がどこにもないですもんね。平和な日常が脅かされる気がして、死から遠い状態の人（若い人、健康な人など）は積極的にこの話題を話そうとしないし、考えたくないものです。

ふじみつさんは、当たり前にいると思っていた著名人が突然いなくなってしまった時にどのように感じたでしょうか。儚さ、あっけなさ、喪失感、あるいは空虚。元気な姿を知っていて、その時の歌声や音楽が形として残っているからこそ、寂しさは簡単に拭えないかもしれません。

ふじみつさんの死や病気への恐怖感は、1日でも長く生きるためのエネルギーになってくれているのだと思います。死が怖いから何もできない、と身体がすくんでしまうほどの大きな不安なら、目の前の生を全うできなくなってしまうようで心配ですが。逆に「死が怖くない、むしろ死にたい」って思いながら生きる1日もまた違った辛さがあります。

高齢になり自分と同世代の人が亡くなった経験のある人は、だんだんと死が他人事ではないと感じ、穏やかな気持ちでいられるように見受けられます。

緩和ケア病棟の看護師や葬儀社など、人の最期に関わる職業の中には、死に対し特別な感情を抱かなくなる人もいます。ふじみつさんは、今は死ぬことを自分のこととして受け入れるタイミングではないから、恐ろしいと感じるのかもしれません。

積極的に生きている人と消極的に生きている人がいると思っています。積極的に生きている人は、もっと幸せになりたいし、やりたいことがたくさんあるし、そのために自分磨きをしていて。現状への悩みや過去のしがらみで立ち止まることもあるけれど、その先に「より良い自分自身の未来」を見ている人。

消極的に生きている人というのは、死にたいと思っているわけではないけれど、明日余命宣告されたら「まあ、そんなもんか」って受け入れちゃうだろうなっていう人。死に対して恐怖がないというより、生に対して執着がないって感じかな。

普段多くの人が積極的にこの話をしようとしないのは、悲しくなるからという理由のほかに「死生観は人によってそれぞれだから踏み込まない」気持ちもあるのかもしれませんね。でも、漠然とでも「自分は死ぬことが怖いと思っているんだ」と誰かに話すことができたら、ふじみつさんの不安は少しずつ輪郭を持つようになり、なぜ怖いのか。この怖さにどう対処すれば良いのか。今をどのようにして生きていけたら良いのか。考えが深まっていく気がします。

Q

何のために生きているのかわかりません

別れの季節である春になると、自分の感情がうまくコントロールできません。新しい環境が怖くてたまりません。自分に自信なんてとてもじゃないけど持てそうにありません。

　人にはみんな良いところがあるという言葉は、私以外の人のためにあると思っています。自分に期待をしないこと、自分を「作る」ことで乗り越えてきましたが、なんだかもう、何のために生きているのかわからなくなってしまいました。

見えない将来が不安です。自分の人生がどうなれば成功なのか、納得できるのかもわからないし、「生きたからといって何だろう」という感じです。

生きていて良かったと思える日は来るのでしょうか？　その来るかもわからない日のために、私はもう頑張れないです。

（ティティ・15歳・女性）

A

ティティさんは別れの季節である春になるたび、感情がうまくコントロールできなくなってしまうのですね。

これまでも怖さを乗り越えるために、少しでも生きやすくするためにといろんな考え方を実践されてきて、よく頑張りましたね。でもやっぱり怖さは完全にはなくならなくて疲れちゃったって感じなのでしょうか。自分が望んで生まれてきたわけじゃないのに、何十年も生き抜くのってハード過ぎる、とこれから先を想像しただけでしんどくなってしまいそうです。

生きていることは素晴らしい、親からもらった命を大事にしないといけない、みたいな風潮がありますね。命を粗末にしようとは思わないけれど、その圧力というか押しつけが辛い時ってあるよな、と思います。ギリギリ生きている時に「死んじゃだめだよ！」って言われると、かえって生きる気力が失せてしまう私は捻《ひね》くれているのかしら。「生きるのだるいな」って口にするのすら良くないという空気のせいで、しんどさに拍車がかかっている人はきっと少なくない。

生きていることの意味ってなんでしょうね。生きてて良かったたって思える日が、今のティティさんにはしばらく訪れていないのかな。いつか来るその日がとんでもなく幸せだよって絶対的に保証してくれないと、日々の頑張りと釣り合わないし。そうなってガッカリなんてしたくないですよね。

生きてて良かったたって感じる瞬間は人それぞれで、学校に行って友人と会うのが楽しくて生きている人もいれば、好きなコーヒーショップに週一回足を運んでぼーっとする時間に、あ〜生きてるな〜ってなる人もいるでしょう。自分のために生きるのが難しくて、親孝行をするためとか、パートナーのため、自分の子どものため、など他者に生きる理由を見出そうとする人もいます。自分が存在するだけで喜んでくれる他者が世の中にいるのなら、と。でも結局、何のために生きているのかって聞かれたら、大きなミッションのためというより、死ぬ理由がないからなんとなく生きてしまっている人も少なからずいると思います。

ティティさんは様々な出来事に対して疲れているように見えるので、少し整理してみましょうか。大きく二分して「今、現在」と「将来」かな。

「将来」について、「見えない将来が不安です。自分の人生がどうなれば成功で納得するのかもわからない」とのことですが、高校生の時点では将来についての情報が不足しすぎていて、漠然と想像するのが精一杯になってしまいそう。その不透明さが不安につながっているのでしょうか。10年後どこで生活しているか。どのような人に囲まれているか。未来は楽しいと感じられるものなのか。今はまだ、想像するための材料が少なすぎて安心できないですよね。

将来の目標が明確にあると、逆算して今取り組むべきことがわかり、モチベーションも湧いてきて、「今、現在」のスタンスが摑めそうです。逆に、将来の目標がわからない時は、目の前の学校の課題をやったから何になるんだって嫌になります。

生きることの意味や生きがいって、全員が確実に持って生きているとは私は思っていません。一旦、保留にした状態で、いつかタイミングが来た時に考える。そうしないと究極「生きてる意味なくね？」ってなるかもしれないからです。

今のティティさんに必要なのは、この保留にしておくことを良しとする心なのかな。一生懸命生きてきて、ちょっとした息切れ感が伝わってきます。ペースダウンして、省エネモードで生きる時期があっていい。新しい環境に慣れるペースは人それぞれなのだから、周りがどうであろうと、ティティさんは時間をかけて少しずつ慣れていこうって思えたらいいですね。

人間は完璧ではない——私が経験した適応障害

心理カウンセラーを目指したのは、過去に適応障害を経験したのがきっかけでした。診断されたのは２０１６年の秋頃だったかな。その時の話をしてみます。前作には書いていないことや、あれから時間が経った中で得た気づきなどを書きますね。

私が適応障害を患った原因は、分析したらいくつも思い当たりました。休むのが苦手で、疲れが溜まっていると自覚できなかったこと。仕事での評価＝自分の人間的評価と思い込み、仕事で結果が出せていない自分を責めてしまったこと。ストレス過多の前兆として不眠や腹痛が頻発していたのを「これくらいの不調はみんなあるよね」と軽く捉えていたことなど。

適応障害と似た症状として、うつ病が挙げられます。適応障害は「ストレス因から距離を置くと速やかに症状が治まる」と言われています。この定義の通りなら、休業期間を経てまた元気に仕事ができそうですよね。

しかし私は、2か月ほど休業してみたのですが、かえって悪化していくようでした。「私が休んでいる間も、みんなはライブをしているんだな。怠けているようで申し訳ない」「復帰しても、私のポジションにはすでに誰かがいて居場所がないだろう」「ファンの皆さんを待たせてしまっていて心苦しい」とか、考え始めるともう止められません。ストレス因から距離を置くって、物理的にはできても心理的には無理。うまく休めませんでした。

休業当時のエピソードとしては、食器を手洗いするのができなくて、使用した食器はすべて捨てていました（笑）。紙皿・紙コップじゃないですよ。数日間流し場に溜めたのち、溜まった食器を見るのが憂鬱で耐えられなくなって、不燃ごみで捨てていました。地球に優しくないですね、ごめんなさい。でもそれほどに何もできない状況で、超絶無気力生活を送っていました。今、休学・休職中のひとり暮らしで、何もできない方がいたら、紙皿・紙コップおすすめですよ。環境に優しくないので、あまり大きな声では言えないけれど。

２０１７年3月にアイドルとして復帰したのち、その年の11月に卒業しました。そして心理カウンセラーとして仕事を始めるまで約1年、完全に仕事から離れて休めた時間が心身の回復につながりました。休み始めた瞬間から右肩上がりに回復、なんて単純な話ではなく、体調が良い日も悪い日もありました。不安定な波と付き合いながら、気づいたら眠れるようになって、だんだんと元気になっていったかな。一応、心理カウンセラー養成講座を受講し始めたり、大学に入学してみたりはしましたが、先のことを考える余力なんてしばらく湧いてこなかったです。ぼーっとする時間が長かったですが、それで正解だったようです。

「自分自身に厳しすぎる」と気づけたのも回復につながったのではないかな。その反動で若干自分に甘々になってしまいましたけれどね……。でも、同時に他者にも優しくなれたからいいかな。
以前の私は自分にも他者にも厳しく、遅刻とか手抜きとか絶対許せない性格でした。適応障害と診断されてからは、朝、身体が起こせなくて現場に行けない自分が情けなくて、よく泣いていました。と同時に、今まで現場をいろんな理由で遅れてくるメンバーに対して、「心の中で遅刻を責めてしまってごめんなさい。きっと各々事情があったんだよね」と反省し、人間は完璧ではないことを心から理解できるようになりました。この気づきがないまま心理カウンセラーになっていたら、少し厳しいカウンセリングをする人になっていたかもしれませんね。

休学・休職すると、人生の時間が自分だけ止まったような感覚になります。周囲の人たちがどんどん追い抜いていく様子を見聞きしてしまうと焦りますが、その後の長い人生を考えると必要な小休憩です。焦って復帰してストレス疾患が再発するよりも、一度しっかり立ち止まって休む方がいいです。お金のことなど生活に直結する不安と隣り合わせになってしまいますが、会社や自治体の補助金制度などをうまく活用してでも、休めるなら休んでいただきたいと個人的には思います。健康はお金では買えませんから。

友人知人で休職している人には、「復職後は少々わがままでいいんだよ、自分を守れるのは自分だけなんだから」なんて話します。体調と相談しながら、「まだ○時間以上働くのは厳しい」「今の部署はストレスだから異動した方がいいと主治医が言っている」など言っていいと思うって声をかけます。

私ひとりでは、力になれる範囲がどうしても限られてしまいます。週7日、寝る間を惜しんで働いたら多少範囲が広がるかもしれないけれど、今の私は「無理をしない」が人生の第一モットーなので。

それでも、私が発信している情報に触れた人が「カウンセリング、受けてみたいかも」と思い立ち、近所のカウンセリンググルームにアクセスしてくれたらいいな。間接的にでも誰かの心を救いたい。そんな使命感を勝手に背負っています。

また、「中元さんが適応障害を治して、元気に活動されている姿を見て励まされています。私も現在療養中で、これからの生活に不安を感じる瞬間もありますが、しっかり休んで社会復帰しようと思います」とも言われます。適応障害や、ほかの精神疾患で療養中の患者さんの希望にもなっているようです。

第4章　誰かと生きていきたい人へ

Q 友人にそれほど必要とされていない気がします

私は学生時代にたくさんの友人ができ、学校を卒業した後も、週に一度は友人の誰かと食事に行くという生活を送っていました。しかし、コロナが流行り始めたことで外出が難しくなり、身内に医療従事者がいることもあって、私から積極的に友人たちに対して食事に誘うということはしなくなり、もし向こうからのお誘いがあれば出掛けようという心持ちでいました。

しかし、友人から私にお誘いの連絡が来ることはありませんでした。そこで気がついたのですが、今までお誘いの連絡は毎回自分からしており、向こうからのお誘いは片手で数えられる程度しかなかったのです。

私の中で友人と過ごす時間はそれなりに大切な時間であり、友人達もまた同じ感覚でいてくれていると感じていたのですが、自分から誘うのをやめた途端に会うことがなくなるということは、友人達にとっては自分との時間は必要ではないのでは、と思うようになりました。

それ以降、友達とは何なのか、自分にとって友達と言える人はいるのだろうか、と様々なことを考えるようになり、コロナ禍前のような楽しい生活を送れずにいます。自分は今後どのように友人との関係を築いていけばいいか悩んでいます。

（すけろく・23歳・男性）

A

コロナの流行によって、それまで当たり前だったことが当たり前ではなくなり、様々な気づきがありましたね。他者との距離感について考えた人も多くいるはずです。すけろくさんのお悩みを聞いていて、誘ってくれる友人に感謝しなければいけないな、とまず感じました。私はすけろくさんの友人たちと似たスタンスで、誰かを誘うことはほとんどないからです。誘われたら予定を空けるし、当日友人に会えるのは本当に楽しみなんですよ。ただ、付き合いが長くなる中で自然と「誘う側・誘われる側」の役割が決まっていき、いつも友人からの誘いを受けて予定が実現する流れができてしまいました。なんで中元からも誘ってくれないの？　会いたくないの？って私の友人は思っているかもしれないですね。

自分から誘わない理由は、誘われる側でいる方が楽だから。誰とも会わずひとりで過ごす時間が苦にならないから。断られたらどうしようと悩みたくないから。かな。

なので、誘う側のすけろくさんの気持ちを聞いて、私も友人を同じように不安にさせていないかと振り返って考えることができました。

友人と自分とでお互いを思う気持ちに温度差があるように感じると、大切に思っていたのは自分だけなのかという寂しさを感じたり、学生時代から築いてきた関係性に自信がなくなり虚しさで悩んでしまいそうです。このような場合、相手の気持ちを想像しても答えは出ないので、会ってみるのが一番手っ取り早い気がしますが、誘うことすら今は戸惑ってしまいますか。「自分のことどう思ってるの？」なんて真正面から聞くのは違うでしょうが、会って話してみると、友人たちは「誘われたら喜んで行くつもりで待っていた」って言うのではないかな。

すけろくさんだけが友人に対して頑張りすぎることはないです。シンプルに「会いたい方が誘う」。すけろくさんは友人たちと今、会いたいですか？　会いたいのなら誘ってみて、深刻な感じでなく「全然誘ってくれないじゃん〜待ってたのに〜」と軽い感じで伝えてみると、友人のスタンスがわかって安心できるかもしれませんね。

去る者は追わず来る者は拒まずタイプの人もいるので、すけろくさんから最近お誘いがないけれど仕事が忙しいのかな？　ほかに仲の良い人たちでもできたのかな？と、今は距離が離れている時期であると認識している友人もいたりして。大人になっても続く友人とは、そうやって近づいたり離れたりしながら穏やかにつながっているのかな、と私は思います。

話は変わりますが、すけろくさんはひとりの時間を楽しめるタイプでしょうか。私が今回のコロナ禍で気づいたことの一つは、「ひとり時間をそこそこ楽しめる人と、ひとり時間が苦痛で仕方ない人では、ストレスが蓄積していくスピードが全然違うだろう」ということです。ちなみに私は前者なのですが、普段ひとり時間を楽しめる人にとっても、さすがにあれだけ長期間、誰かとの会食や集まりを自粛するよう呼び掛けられると「誰かと喋りたいよ〜、家と仕事場の往復じゃ気分転換できないよ〜」と気が滅入りました。誰かと会う時間が取れなくてストレス発散ができず、悩みが膨らんでいったクライアントさんのお話も多く聞きました。

ひとりの時間も楽しめるし、友人と会ったらさらに楽しい時間が過ごせると理想ですね。自分の機嫌を自分ひとりでもある程度取れると楽ですよ。

Q 初対面の人と笑顔で話せません

もともと人見知りな部分もあるのですが、みんなと話せるようになるのにすごく時間がかかってしまい、本音で話せる人とばかりたくさん話してしまいます。はじめて会った人とも笑顔で話したいのに、話せません。どうしたらいいですか？

（みーちゃん・16歳・女性）

A

みーちゃんさんは人と仲良くなるまで時間がかかるタイプなのですね。仲良くなった人になら色々と話せるけれど、はじめましての人には少々緊張してしまうのでしょうか。

はじめて会った人と笑顔で話すには、「慣れる」か「心から楽しむようにする」か、あと何か方法があるかな。スラスラと噛まずに話すことよりも、みーちゃんさんが力を抜いて会話を楽しむことを意識してみてください。笑顔で話すためには、みーちゃんさんがリラックスしていることが大事だと思います。

高校の先生やお店の店員さん、部活関係の大人相手だと、楽しい会話が発生しづらい雰囲気かもしれません。まだそこまでよく知らない相手に対しても、顔が強張らないようにするために、普段から自分の表情を少しだけ意識してみるのはどうでしょうか。うまく笑えているかな、怖い顔をしていないかな、と意識するだけで表情は変わるものですよ。

出会ったばかりでそんなに仲良くない人と、緊張せずに話ができるようになるまで、時間がかかっても何も問題ないと私は思います。みーちゃんさんが相手に対して冷たい態度を意図的に取っているのではなく、緊張しているだけで敵意はないのだろう、という姿勢は話し相手にも伝わっているはずです。

Q

気を遣いすぎて自分の意見が言えません

学校やバイトで気を遣いすぎて、行動に移せないことが多いです。私が何かすることで厚かましいと思われるんじゃないかと思ってしまいます。思っていることもなかなか言い出せず、母にさえも本音を言えないことが多いです。

中学生の時、同級生に「気にしすぎだよ」と言われて自覚したのですが、直すことができず時間が経ってしまいました。

どうすれば積極的な行動をしたり、自分の意見をはっきり言えるようになりますか?

（あやか・19歳・女性）

A

適度な気遣いは必要なはずですが、人に気を遣いすぎてしまうとどうなるか。私がまずパッと浮かんだのは、「○○さんはいつも意見とか言わないから、こちらで勝手に決めてもいいよね」と、自分の意見を求められなくなってしまう可能性です。希望を伝えることは大事ですし、嫌なものを嫌と伝えることができたら、きっと無意味な我慢をしなくて良くなります。

他者の意見を頭ごなしに「いや」「でも」などと否定してしまうと衝突を招く危険がありますが、本当は反論したいのに「いいね」と言ってしまうと自分を大切にできなくなってしまいます。

どうすれば積極的な行動をしたり、自分の意見をはっきり言えるようになりますか?ということで、「いきなり全部を変えるのではなく、自分ができそうな場面から取り組んでみる」ことを提案させてください。

あやかさんが挙げてくださった日常場面だと、「学校やバイトで行動に移せない」「お母さまに本音を言えない」。この中でまず直していきたい、取り組めそうだと感じるのはどの場面でしょうか。バイトならプライベートな人間関係とは違うから、仕事として必要な行動であると割り切れそうとか。お母さまに本音を言えるようになりたいから挑戦してみようかなとか。いずれにしても、大切な心がけは「相手への気遣いの割合を少し減らして、自分の意思で動く（話す）勇気の割合を少し増やしてみる」イメージです。

他者の気持ちによく気がつく人は、センサーが他者にばかり向いていて、自分を抑えるようになってしまう気がします。他者への優しさを少しでも、自分自身にも向けてあげてほしいと、日頃カウンセリングをしながら感じていました。相手に失礼な印象を与えない範囲で、あやかさんはもっと自己中になっても良いと思いますよ。

「母にさえも本音を言えない」という言葉に、あやかさんにとってお母さまは心理的に距離の近い存在なのだろうな、と想像しました。「母にはなんでも話せて親友みたい」という人もいれば、「近いからこそ、母の性格をよく知っているからこそ、心配かけるような話はできない」という人もいますよね。お母さまとの距離感って近い・遠いだけでなく、家庭によっても個人個人でも全然違います。

今は本音を言うのが難しいと感じる場合は、時間が解決してくれることもあるかもしれないのでゆったり気軽に。もちろん、今からでも自分で行動を起こして少しでも本音を伝えられるようになりたいのなら、背中を押します。

Q 悩んでいても誰にも相談できません

悩んだ時に人に相談できないのが悩みです。こんなことで相談していいのかとか、相手は忙しいかもしれないとか、いろいろ考えてしまいます。ひとりで苦しむだけ苦しんで、結局自分を傷つけることに走ってしまったりします。

自分のことで人の時間を使うのが申し訳ないです。人に相談できればもう少し楽になるのにと思うのですが、過去の経験から、やっぱり相談できないと思ってしまいます。

（祐菜・28歳・女性）

A

悩んだ時に誰かに相談できないと、自分で解決するしか方法がなくなってしまいますね。悩みによっては何か月、何年もの時間をかけて向き合っていくこともあるかと思います。「誰か助けて」と言いたくなる日もあるでしょう。

もしも誰かに相談したいとお考えなら、「人を頼ることを遠慮しすぎなくて良いのですよ」とお伝えしたいです。私が祐菜さんの友人や家族なら、私に話してくれてありがとうってきっと思います。大切な人が知らない間にひとりで悲しんだり苦しんだりしているって事実に胸が締め付けられそうになります。

いきなり長時間話すのは気が引けるなら、今回のように悩みの一部分を話してみるだけでも、モヤモヤ度１００％が80％くらいになることが期待できます。「詳細は長くなるから話さないけれど、とにかく今辛い気持ちなんだ」など。

時間を使うのが申し訳ないと感じると聞き、私が周りの人に言われたことを思い出しました。話の流れとしては、夜に私からLINEをして、他愛のない話をダラダラとしていたんですね。レスポンスも速いから相手が何をしているかなんて全く気に留めていませんでした。数十分経って、その人は読書の合間に私のLINEに返事をしてくれていたらしいと気づきました。それを知って「すみません、読書中に。お邪魔しました！」と私は会話を強制終了しようとしました。すると相手はこのように言いました。

「邪魔したとか思わなくていいよ、返信できない時はしないから」。続けて、「思ってるほど他人は自分に興味ないし、心配するほど他人に影響なんてできないよ」と。

つまり、このタイミングで返信をくれているのは相手の意思であると。返すも返さないも相手の自由なので、私がLINEをしたばかりに読書の妨害をしてしまった、なんて考えなくても良いと言われ、罪悪感がなくなりました。

祐菜さんが相手に相談しようと思ったら、おそらくお伺いを立てますよね。今少し時間大丈夫？　ちょっと悩んでいることがあるんだ、と。この時、相手は断る権利も持っています。「今は時間がないんだ」「悩みが聞ける状況にないんだ」など。その上で、いいよといってくれたのなら、それは相手が祐菜さんの話を聞くことを選択したわけです。話の途中で「疲れたから続きはまた後日ね」と話を遮《さえぎ》る権利も相手は持っています。

だから祐菜さんは、「自分のことで人の時間を使うのが申し訳ない」なんて思わなくていいんです。少しだけニュアンスを変えて「自分のことで時間を使って、話を聞いてくれてありがとう」と思えたら、お互いにとって気持ちが良いですね。

Q

自分の意見を伝えやすくする方法は

私は躁うつ（双極性障害：うつ状態と躁状態と気分の波がある精神疾患）と診断されて病院に通っていますが、診察の時に主治医と話すのが怖くなり、言葉に詰まり、泣いてしまって終わることがあります。

自分の意見を伝えやすくする方法はありますか？

（らむ・21歳・女性）

A

らむさんは、今の病院に通うようになって長いですか？　相手を信頼することができたら、話すことへの怖さがなくなるでしょうか。それとも、相手が誰であっても、同じように怖いと感じてしまいますか。

診察は主治医と話す貴重な時間だと思います。治療方針を定めるためや、辛い症状を少しでも和らげて生きやすさを得るために、限られた時間の中で自分の言葉で話ができるようになりたいですね。

もしも今の主治医の雰囲気に怖気づいてしまい治療が進まないのであれば、主治医を変えてもらうことができます。同性の先生が良いとか、年齢が近い先生が良いとか、自分にとって緊張しすぎずお話しできそうな先生が病院内に在籍しているなら、そういった選択肢もあります。


自分の意見を伝えやすくする方法ですが、診察や、仕事の会議などで意見を求められる場面にも使える方法があります。伝えたいことを事前にメモにまとめるのです。

精神科の診察っていうと、患者さんのお話ありきで診察が進んでいきますよね。怪我の状態を見て治療の提案をしてくれるほかの科と大きく違います。心は目には見えないため、らむさんの言葉を頼りに状態を把握し、治療を展開していきます。なので、前回の診察から今日までの変化や、困っていること、質問したいことなどを紙にまとめて、話したいことをあらかじめ整理しましょう。主治医を前にしたら涙が出てしまい話せなくなったとしても、メモを渡すことでらむさんの意思が伝えられます。「診察の場面でいつも涙が出てしまい、言いたいことが伝えられないのでこれを読んでください」と書き添えておくといいですね。

主治医と信頼関係が構築される中で怖さがなくなって、いつか話せるようになりそうなら、しばらく紙に書いて渡す方法を採用してみてもいいですし、「先生と話すのが怖いから診察の日はいつも気が重い」となるなら、転院や主治医変更をする方がらむさんの心身には良い気もします。病院内の雰囲気、明るさ、ほかの患者さんの様子など、「この病院合うな／合わないな」と感じる要素は様々です。

Q

自分に嘘をつかず、素直に人と接したい

私は自分に嘘をつく癖があります。知らない間に嘘をついていて、気づいたら本当の気持ちが消えていることもあります。強がらずに、自分に素直になって大切な人と接したいのですが、本当の自分の意思を失わないようにするためには何をするべきでしょうか。

（あずぽん・19歳・女性）

A

人に良く見られるための嘘。自分自身を守るための嘘。相手の幸せのための嘘。いろんな種類の嘘があります。私はジムのトレーナーさんに対して自分の心の甘えを隠

すために、昨夜ラーメンを食べたのに「昨日の夜はサラダしか食べてません」ってつい言ってしまいます。仕事では、自分の実力で務まるか自信がないのに「やります！」とか言っちゃう。優等生に見られるための嘘を、つい……。誰かを欺く嘘はつかないです。というか下手なのですぐ顔に出ちゃうから「他人には嘘がつけない」が正確かな。

あずぽんさんは自分に嘘をつく癖があるのですね。別の言葉に言い換えるなら「自分のわがままを抑える」「相手の要望を優先する」ということかな。自分の主張を通すよりも、相手の主張を採用して相手が良い思いをすることを優先してしまうでしょうか。

気づいたら本当の気持ちが消える……。そうなんですよね。昔はこうしたいなとか、あれは嫌だなと自分の意思を持っていたはずなのに、本音を抑えることが癖になってしまったら、意思を持つこと自体しなくなってしまうのですよね。相手と自分の考えが合わなかった時に「なんでもいいよ」と言ってしまうようになります。でも、それって怖いことですよね。自分は何を考え、何を望んでいるんだろう？と、本来キャッチできるはずの意思が、キャッチできなくなってしまいます。するとどうなるか。自分で決めなければいけない大きな選択をする際に、決められなくて迷いが生じます。あるいは、相手に合わせてばかりで、人間関係で疲れたり損をしてしまいます。あずぽんさんが幸せになるために、この状況はあまり良いと言えなそうです。

相手の声を聞きすぎると、自分の心の声がどんどん聞こえなくなっていきます。相手のことが大切だからこそ、自分ばかり我慢するのではなく、対等にお互いの思っていることを言葉にしてください。それが居心地の良い関係性を築くための第一歩です。

自分に素直になるためには、自分の弱さを認めてあげる必要があります。自分になんでも思っていいんだよって声をかけてあげて、至らない点を受け入れてあげて、心の中で自分がなんでも言える環境を整えてあげましょう。心の中は少しわがままなくらいが、その人らしさが表れて素敵だと私は思います。相手の意見と同じくらい、自分の意見も大切にしてあげましょう。

Q 同性の恋人と結婚できない現実が悲しく辛いです

私には、一緒に暮らしていて付き合って3年ほどの同性の恋人がいます。

日本の法律では結婚をすることができないため、友達から結婚式に誘われたり、結婚式の写真を見たり、話を聞いたりすると複雑な気持ちになります。時には妬んだり、怒りが湧いてきたり、泣くほど悲しくなったりすることもあります。

本当は友達の幸せを一緒に心から喜びたいのに、結婚というワードに敏感になって気分が沈んでしまう自分が嫌です。

好きな人の名字がほしいこと、結婚指輪をはめて、綺麗なウェディングドレスを着たいという夢があること、何より恋人のことが心から大好きなので、自分の憧れが叶わないというこの現実が本当に悲しくて辛いです。

どうしようもできないお悩みでごめんなさい。

（ゆう・24歳・女性）

国の制度を変えるのは簡単ではありませんが、こうして誰かに話してゆうさんが少しでも楽になるなら幸いです。

3年もお付き合いしていると、結婚の話が自然と出てくるカップルは多いと思います。好きな人の名字がほしいという言葉を聞き、男女カップルでも名字が変わるのは嫌だから事実婚を選択する人たちがいることを思うと、現行の婚姻制度はままならないな……とやるせない気持ちになりました。ゆうさんは名字以外にも、多くの要素できっとやるせなさを感じていますよね。そして、文章からゆうさんの「結婚」への憧れやこだわりも伝わってきます。

生涯を共にしたいと思える人に出会えたことがまずは素晴らしいです。そのことは誇っていただきたいし、これからも続く恋人との時間を大切にしてくださいね。

ゆうさんの一番の望みは、今の恋人と結婚式をすること、婚姻をして国から正式なパートナーとして認めてもらうことでしょうか。自分たちカップルがどうしたいか、どこまで現行の制度に歩み寄れるかを、恋人と話し合ってみたことはありますか。

婚姻したいが日本では難しいので、海外に移住して現地の婚姻制度を利用する。結婚とは厳密には異なりますが国内のパートナーシップ制度が認められている自治体へ引っ越す。籍は入れないまま2人だけや親族だけで結婚式をする。フォトウェディングという形でドレスを着る。結婚指輪を購入して普段から身に着ける。など。

「そういうことじゃないんだよ」と思われたならすみません。どうにもならないから悩んでいるのですよね。ただ、ゆうさんが結婚やドレスに憧れを持っていることや、あなたの名字を名乗りたいと思っているほど恋人を愛していること、友人の結婚を素直に喜べないことなどを、恋人さんは知ってくれているのかな。一緒に気持ちを共有しているのかな、と思い、問いかけをしてみました。一つ一つの項目を話し合って、2人の将来について一緒に考える時間を設けてみると、相手の考えも聞けてゆうさんは少し安心できるのではないでしょうか。

そうだ。友人の結婚式での葛藤も書かれていらっしゃいました。「本当は友達の幸せを一緒に心から喜びたいのに、結婚というワードに敏感になって気分が沈んでしまう自分が嫌です」ということでしたね。素直にお祝いできないな、と思いながらも参列したりお祝いの言葉をお送りするゆうさんはオトナだと私は思いました。

Q

マイノリティの仲間を見つけたい

私はどうやら、ＬＧＢＴＱ＋の多くの方々とも違う女性的な男性であり、さらにＨＳＰの中でもやや珍しい「ＨＳＳ型ＨＳＰ」らしいのですが、仲間がいなくて困っています。人と直接多くの会話をしないとストレスが溜まりやすい性質のようなのです。人よりも感情的で、それを抑える力も人より強いせいか、気づかれたり理解されたりする事も特別少ないです。理屈っぽさが得意なのも、困りものです。

もっとも誰であっても、本当に深い関係を作れる相手は少ないものでしょう。それでも、自身に近い存在が世の中で目立たず、抗議行動もされず、映画にすらならないのは、ついつい苦しく思ってしまいます。仲間を見つけやすい方法など、ありますでしょうか？　贅沢な悩みだから、我慢するべきなのでしょうか？

（アレグリア・35歳・回答しない）

A

用語について、詳しくない読者さんもいると思うので簡単に説明させてください。

ＬＧＢＴＱ＋は、Ｌ（レズビアン、女性同性愛者）Ｇ（ゲイ、男性同性愛者）Ｂ（バイセクシュアル、両性愛者）Ｔ（トランスジェンダー、性自認が出生時に割り当てられた性別とは異なる人）Ｑ（クィア／クエスチョニング、性的指向・性自認が定まっていない人）＋（プラスアルファ、ほかにも既存のカテゴライズに当てはまらない様々なセクシュアリティがあることを示しています）の頭文字を並べたもので、性的少数者を表す総称の一つです。いわゆるシスジェンダー（性自認が生まれた性と一致する人）でヘテロセクシュアル（異性愛者）の人が割合としては多いため、世の中にＬＧＢＴＱ＋の存在を認識してもらうために活動している団体も存在します。

続いて、ＨＳＰについて。ＨＳＰはHighly Sensitive Personの頭文字をとったもので、「非常に繊細な人」を指します。ＨＳＰの割合は5人に1人と言われています。

繊細さは人によって違い、五感の刺激に敏感な場合もあるし、他者の気持ちや自分自身のことに敏感な場合もあります。さらにＨＳＰはいくつかに細分化されます。その一つがＨＳＳ型ＨＳＰ。「敏感なのに、刺激を求めてしまう人」。ＨＳＰの中でもＨＳＳ型の人は少ないと言われています。

アレグリアさんは自分と近い性質を持つ仲間がいないと感じ、苦しい思いをされていらっしゃるのですね。アレグリアさんの悩みが特別贅沢だとは思いませんよ。悩みに対して重い軽いなどと考えたことは、私はありません。心に引っかかるものがあると、それだけでちょっと憂鬱になったりしますよね。

ここでいう「仲間を見つけやすい方法」の〝仲間〟は、当事者として共感してくれる同志という解釈で合っていますか。

経験を基に十分理解されていると思いますが、人の性質は、見た目からはわからないものがたくさんあります。第一印象から伝わる情報は本当に少ないですよね。見た目で判断できないのは誰にも言えることですが、アレグリアさんは感情を抑える力も強いとおっしゃっているので、さらに他者が気づけない側面が多くありそうです。「人と直接、多くの会話をしないとストレスが溜まりやすい性質のよう」であると自己分析をされています。相手を理解するためにはある程度親密になって、深い話をしてみなければ、同志かどうか判断できない。コミュニケーションの難しさを感じます。最終的には「無理なく会える距離に、当事者として共感してくれる同志が住んでいる」状態が理想でしょうか。しかし、自分と近い性質を持つ仲間かどうか、ご縁のあった人ひとりずつ聞いてまわるのは効率的とは言えないですよね。なるべく早く出会いたいとお考えなら、インターネット上で同志を募るのがスマートなのかな（ネットリテラシーには十分配慮しましょう）。

ちなみに、今すでに面識のあるご友人に、アレグリアさんの感情や思っていることをそのまま伝えたことはありますか。ＬＧＢＴＱ＋のどれでもないことや、ＨＳＳ型ＨＳＰのことに限らず。

もし自分と似た境遇の人との出会いがあったとしても、コミュニケーションを取らずに相手に自分を理解してもらおうというのは難しいです。感情を抑えてしまうのは生きてきた中で身についた特徴の一つだと思うので、すぐには変わらないかもしれません。それでも、少しずつでも自分の感情や考えを相手に伝えることに慣れておいた方が、いざという時にアレグリアさんが寂しい思いをしないで済むのではないでしょうか。

Q 性同一性障害をカミングアウトするべきでしょうか

私は性同一性障害です。現在勤めている会社ではカミングアウトはしておらず、できることならこのままこの会社で働きたいと思っています。

ひとりで生きていくのであれば、本当の自分を殺してでもセクシャルについては隠したまま働き続けるということもできなくはないのですが、私には一生を添い遂げたいと思っている恋人がいます。恋人も、できることなら私と結婚したいと言ってくれています。

ただし、日本の法律上、結婚するには戸籍の性別を変更する必要があり、戸籍を変更することになれば会社へのカミングアウトは自ずと必要になります。

しかし、現在勤めている会社で前例はなく、カミングアウトによって会社に居づらくなる可能性もあります。思い切って転職活動をして、別の会社に転職するという手もありますが、少し珍しい職業についている関係で、同業他社に転職するということは難しいです。

私の性格上、カミングアウトは非常に多大な労力が必要で、過去に嫌な思いをしたこともあるので、まず現在の会社でカミングアウトしてみて、ダメだったら転職しよう！と軽く考えることもなかなかできません。どうしたら良いでしょうか。

（天ぷら・30歳・回答しない）

A

就職した時と今とで職業観が変わるように、人の考えって変わるものですよね。とにかく無事に就活を終えることに必死な大学生の自分と、社会人を数年経験して大切なパートナーとの出会いを経た自分は別人のような考えをしていても不思議ではありません。

人生において大事なものが変わったために転職をする社会人はたくさんいます。ほかの業種に魅力を感じたため。体調を崩したため。お金が必要になったため。居住地が変わるため。天ぷらさんは、これから先を自分らしく生きていくために、転職するべきか、今の会社に留まるべきか、悩んでいらっしゃるのですね。就業に関してだけではなく、パートナーシップに関する決め事や、ご自身のプロフィールも変更する可能性も検討していらっしゃって、一つずつ時間をかけて考えていかなくてはですね。

天ぷらさんの現状をカミングアウトした上で、手続き変更に対応してもらい、人間関係をキープしたまま今の会社で仕事を継続できるのが理想でしょうか。この数年で性同一性障害への理解が急速に進んでいます。天ぷらさんが会社で最初のケースとして受け入れていただくことができたら万事解決なのですが……。

正解がない悩みだと思うので、天ぷらさんが後悔しない選択は何か、に重きを置いて考えてみてはいかがでしょうか。最終的に決断をするのは天ぷらさんご自身であってほしいですが、考えを深めるためにパートナーとの話し合いを重ねるのは大事なことです。「自分だけ転職したりしてあなたに合わせるためにいろいろと譲るなんて納得行かない！」ってならないようにしてほしいです。

自分らしさや自分らしい生き方とは何かをしっかり見つけて、環境を整えていこうとしている天ぷらさんを、羨ましいとか眩しいと感じる人はきっといるでしょう。似た境遇の人だけでなく、人生で大切にしたいものがわからなくなっている人にとっても、天ぷらさんの生き方はかっこいいです。一生を添い遂げたいと思えるパートナーとのご縁はかけがえのないものなので大切にしたい。一方で今の仕事の業務内容・待遇・ポジションもキープしたい。人生で大切な要素を全部両立できる世の中だったら良いのですが、現状はまだ簡単にいきそうにありませんね。でも世の中が変わるのを待ったために、天ぷらさんたちの「今だ！」というタイミングを逃すことも私は悲しいです。どうか天ぷらさんが納得して人生を選択できますように。

Q 家族との関係を修復したいです

私の母は、私が小学校3年生の時に再婚しました。私が小学校4年生になった頃、自分のお金や物がなくなることが増えましたが、再婚相手の父親には夢遊病だと言われ責め続けられました。しばらく我慢しましたが、限界が来たのか1週間に体重が10kg落ちるぐらいの拒食症になりました。

高校生になり、なくなっていた物が父親の実家から出てきました。盗んだ犯人は父親だろうと確信しましたが、家族の関係が壊れること、弟にその被害が及ぶことが怖く、自分の中で不満をため続けました。

しばらく経ち、体重は更に落ち、大好きだった部活も部費を支払ってもらえなくなって辞めざるを得なくなりました。その後、住んでいる県内の自殺スポットなどを検索するようになり、異変に気づいた祖母に保護されました。母親は父親を信じてしまい、私の話を聞こうとしません。縁切り状態で離れ離れになった弟にも会えていません。

母親や弟と関係を修復するにはどうしたらいいですか？

（ななみせ・20歳・女性）

A

心がやわらかくて繊細な時期に、ご自身と弟さんを守るための行動をして本当に頑張りましたね。今はお祖母さまのもとで安心して生活されているでしょうか。一時的に離れ離れで生活しているけれど、お母さまと弟さんとはこのままずっと縁切り状態で居続けることは望んでいないのですね。

ななみせさんは、お母さまに対してはどのように思っているのだろう、というのがまず気になりました。お話しされている雰囲気や、言葉のトーンまでは文章には乗らないので、私が見当違いなことを言っていたらごめんなさい。

言葉が難しいですが、お父さまと弟さんへの思いは少しでも伝わってきたような気がしています。お母さまに対しては、「再婚前のように、また3人で家族として過ごしたい」が一番なのかな。私は一緒に生活をしてきたわけではないので、お母さまの性格や細かい事情はわかりませんが、私がななみせさんの立場なら、「なんで父親から私を守ってくれなかったんだ」と怒りの感情を抱いてしまうかもしれない。

ななみせさん、感情を抑えることが得意になってしまってはいませんか。当時おうちの環境に適応して生きていかないといけない中で、自分を守る術《すべ》として、わがままや自分の希望を言わないようにして生活されてきたのかなと想像します。お母さまと関係を修復したいタイミングが来た時に、ななみせさんの気持ちを伝えることができたらいいなと読んでいて感じました。あと、子どもだった当時は聞けなかったことを質問してみるとか。

自分が父親から理不尽に責められているのを見て、何か思うことがあったのか。部費を払わなくなったり、体重が不健康なペースで落ちていく自分を見て、どう思ったのか。ななみせさんがお祖母さまに保護されなかったらどうしていたのか。今後も父親と夫婦であり続けるのか。

ああ、私が感情的になってどうするんでしょう。全部、私がななみせさんの立場だったらお母さまに聞いてみたい質問です。そんなこと明らかにするのを望んでいないなら先走りました。聞くまでもなく、娘としてそばで見ていて察している答えもきっとありますよね。

弟さんとの関係修復について。弟さんが成人されてから、もしくは弟さんが進学や就職で、親元を離れたタイミングで検討してみるのはいかがでしょう。同じ環境で生活する中で、弟さんは何を見て、どのように考えたのでしょうね。ななみせさんが守ってくれていたおかげで知らない事実もあるかもしれません。なんと言いますか、ご自身の安全を確保した状態で弟さんとの席を設けてください。

家族に対して敵とか味方とかっていうのは適切でないという人も、読んでいる中にはいらっしゃるでしょう。でも私は、父親も母親も人間なので、考え方が合わないとか相性が合わないといったことは、悲しいですがあると思っています。

人に対して憎しみを抱いてはいけないとか、あの頃に戻りたいって思ってはいけないなんてことはありません。心の中は自由です。過ぎた時間を取り返すことはできませんが、これからを前向きに考えられますように。

おわりに

執筆作業をしている期間にも、世間で様々な出来事が起こりました。ちらほらと胸が痛むような報道が飛び込んできました。お悩みに対し、軽々しく答えられない……、この回答で良いんだろうか……と、作業の手が止まる日もありました。

いつもの仕事部屋で、変わらない景色の中で粛々と作業をしています。カレンダーの日付だけが静かに変わるような感覚。それでも、こうして私が今日一日をいつも通り過ごしている間にも、皆さんそれぞれに置かれた環境で戦っていたり、休んだりされているのですよね。

お悩みを寄せていただいてから一冊の本になるまでに時間の経過が発生しています。「数か月の間に進展があっただろうな」「季節が変わったけれど、どうなったかな」などと一人ひとりに思いを馳せていると、心の忙しい作業期間になりました。

私は他者とのコミュニケーションにおいて細かいことを気にしすぎてしまう人間で

す。綺麗事だけを言うのは無責任だよなとか、わかる〜って言葉は簡単に使うものじゃないなとか。そんな他者の言葉にこだわる私が、相談者さん側の立場だった時にこれ読んでどう思うだろう？など考え出すと止まらないですね。

お悩み相談でありながら、私の過去の経験に基づいた回答もいくつかありました。そこには「心理カウンセラーとしてではなく、中元日芽香という人間が、自身の経験をもって当事者として共感したい」といった今作の裏テーマが反映されていたりします。普段は「心理カウンセラーが相談者さんの話を、私情を挟みながら聞くのってどうなの」って主義ですが、一方で「同じ経験した人にはちょっとだけリアルに伝わる感情」もあると思っていて。結果、私の話が多めになってしまいましたが、今回は私が文章を書く場なので許してください。

中元の回答、的外れだな〜でもいいんです。第三者の意見に触れる中で、自分の意見が明確になることってありますよね。言葉にできない曖昧な気持ちって非常に多いですが、心の状態を端的に表す言葉がこの本にあったらいいな。そうだ、私はいつも言葉を探している気がします。考えすぎてまたわからなくなったり、話すのが怖くて何も話したくなくなったりするんですけどね。

Qに関して、一部省略や内容を編集したりはしましたが、相談者さんの人柄が表れているような表記はなるべく掲載するように心がけました。性格、普段の生活、心の彩度が文章から伝わってくるようでした。

読者の皆さんは、相談者さん一人ひとりの背景を想像してみるとか、自分と似ている悩みを持つ人を探す、といった読み方をしてみるのも興味深いのではないでしょうか。相談者さんの年齢層が比較的若い方が多かったので、「そういえば○年前の自分はこのような葛藤をしていたな」と、過去のご自身と重なる方もいるかも。「自分の友だちだったらどう答えるだろう」「自分が親の立場だったら？」「自分が心理カウンセラーだったら回答は変わるか」など、物事を多角的に見る方はまた違った視点で、２回目・３回目と目を通してみてください。

編集の蟹井あやさんと向坊健さんには、出版するにあたって大変お世話になりました。蟹井さんとは二人三脚のような形で執筆作業を進めました。私ひとりでは迷子になりそうな瞬間がありましたが、蟹井さんのあたたかい言葉で導いていただいたおかげで無事書き上げることができました。向坊さんには前作に引き続き、多くの人の手に渡るようご尽力いただきました。

乃木坂46ＬＬＣの今野義雄さんには、今作を出版するきっかけをいただきました。今野さんの提案があったから、今回たくさんの方の悩みを聞く機会ができました。卒業生がたくさんいる中でも私のことも気にかけていただき、いつもありがとうございます。

Y&N Brothersの秋元康先生。乃木坂46の存在の大きさは、母体を離れてもなお感じる日々です。これからもみんなのこと、よろしくお願いします。

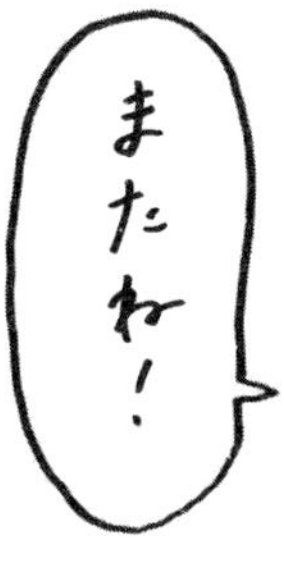

本書は書き下ろしです。

Qは「CREA WEB」に投稿いただいたお悩みを編集し、掲載しています。

装幀　大久保明子
DTP　エヴリ・シンク

撮影　今城純
ヘアメイク　宇藤梨沙
スタイリング　岡安幸代

衣装協力　ブラウス、キャミワンピース／ラブティックボンボン（パル）

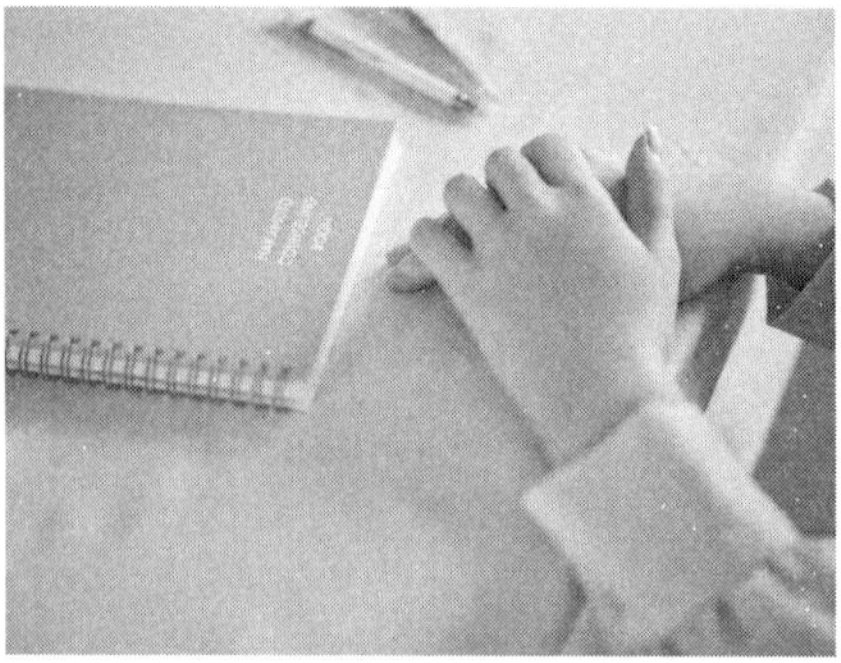

中元日芽香

（なかもと ひめか）

1996年4月13日生まれ。広島県出身。早稲田大学人間科学部eスクール卒業。2011年から6年間、アイドルグループ「乃木坂46」のメンバーとして活動したのち、2017年にグループを卒業。認知行動療法やカウンセリング学などを学び、2018年にカウンセリングサロン「モニカと私」を開設、心理カウンセラーとしての道を歩み始める。2021年、初の書き下ろしエッセイ『ありがとう、わたし 乃木坂46を卒業して、心理カウンセラーになるまで』を刊行。現在はオンラインでのカウンセリングをメインに、メディア出演、執筆など多方面で活動中。

なんでも聴《き》くよ。
中元《なかもと》日《ひ》芽《め》香《か》のお悩《なや》みカウンセリングルーム

2023年12月10日　第1刷発行

著　者　中元《なかもと》日《ひ》芽《め》香《か》
発行者　小田慶郎
発行所　株式会社　文藝春秋
〒102-8008　東京都千代田区紀尾井町3-23
☎03-3265-1211
印刷・製本　萩原印刷

ISBN978-4-16-391790-0
Printed in Japan